基于实用视角下的会计电算化研究

米光鑫　著

吉林人民出版社

图书在版编目（CIP）数据

基于实用视角下的会计电算化研究 / 米光鑫著 .—
长春 : 吉林人民出版社 , 2018.8

ISBN 978-7-206-15251-1

Ⅰ . ①基… Ⅱ . ①米… Ⅲ . ①会计电算化—研究
Ⅳ . ① F232

中国版本图书馆 CIP 数据核字 (2018) 第 189689 号

基于实用视角下的会计电算化研究

著　　者：米光鑫
责任编辑：王　丹
封面设计：万典文化
吉林人民出版社出版发行（长春市人民大街 7548 号　邮政编码：130022）
印　　刷：长春市昌信电脑图文制作有限公司
开　　本：787mm×1092mm　　　　　　1/16
印　　张：10.75　　　　　　　　　字数：220 千字
标准书号：ISBN 978-7-206-15251-1
版　　次：2018 年 8 月第 1 版　　　印次：2022 年 9 月第 2 次印刷
定　　价：70.00 元

如发现印装质量问题，影响阅读，请与印刷厂联系调换。

P 前 言
REFACE

　　伴随着经济的不断发展，会计在各个企业中也是极其重要的。同时科技也在飞速的进步，会计手段也日益更新。计算机技术和软件行业的巨大发展，使会计行业面临着巨大的机遇和挑战。为了使会计信息能够符合社会时代潮流，以计算机网络技术和现代信息技术为基础的会计信息系统被引入会计工作，并得到逐步的推广和完善。

　　会计电算化不仅能将会计从业人员从烦琐的报账、记账、算账工作中解脱出来，使得会计人员把更多的时间和精力用在市场分析、成本控制和资金管理等方面，同时还能够为企业决策人员提供精确可靠的数据参考，保证决策的准确性和科学性，为企业提高运作效率，并且使得很多会计工作透明化、精确化。由此可见，企业管理者和领导层要及时了解企业各部门存在的问题并且加以改善就必须实行会计电算化，这有利于提高效率，并且真实透明地反映企业自身的管理状态。实行会计电算化，不仅可以提高全体员工的整体素质，还能进一步合理调配资源，提高整个企业的核心竞争力。因此，在实用的视角下对会计电算化进行探究是势在必行的。

　　本书围绕着会计电算化，首先阐述了会计电算化的概念和实现过程、我国会计电算化的发展历程和现状；其次对会计电算化的工作环境、工作准备和会计软件的安装也进行了详细的论述；再次分析了 ERP 与会计电算化，由 ERP 的概念的基础上引出 ERP 对于会计电算化的意义与在 ERP 环境下会计电算化的构建；同时论述了会计电算化内部控制的目标、原则、现状、方法以及检查；在此基础之上，对其实际应用的各个方面分别进行阐述：在中小企业与会计电算化方面，论述了中小企业会计电算化的实施模式、存在的问题以及如何完善；在云平台与会计电算化方面，论述了云平台的概念、云平台对于会计电算化的意义和在云平台环境下如何进行会计电算化的构建；在职业院校会计电算化的教学研究方面，论述了教学特点和模式、教学出现的问题和对教学的完善。

　　本书理论性较强，但有很多与实际息息相关的方面，因此能够帮助读者更好地理解相关理论的知识，在实际生活中就能更好地运用会计电算化进行相关的工作。

本书在撰写过程中参考查阅了大量的论文、期刊、著作、文献资料以及相应的实际运用知识，在此表示诚挚的谢意。由于撰写时间和笔者知识水平有限，书中难免存在缺漏，烦请读者指出不足之处，以便修改和完善。

米光鑫

2017 年 12 月

目录

第一章　会计电算化概述

　　会计电算化，是现代电子和信息技术在传统会计工作中应用的简称，主要体现在对电子计算机的应用上。发展至今，会计电算化已是一门融合了现代会计学、电子计算机科学和管理科学等多学科的新型科学和实用技术。会计电算化应用于会计核算和财务管理工作等各方面，替代了原来的手工操作，在一定程度上部分实现了对信息分析预测、决策的信息化和科学化，使得会计工作的现代化程度日益提升，既提高了财会管理水平又促进了企业的经济效益。在传统会计到会计电算化的转变过程中，我国的会计电算化取得了不小的成就。会计电算化的应用，使会计人员能将部分时间和精力用于资金数据的分析和综合上，提高整个会计工作水平、高度及深度，为企业提供及时、精确的财务信息，为企业的科学决策提供完整的财务分析数据的支撑，提升企业在市场中的核心竞争力。

　　会计电算化是融会计学、管理学、计算机技术、信息技术为一体的边缘学科。它的主要任务是研究，如何将计算机理论和技术、信息管理理论和技术与会计理论和实务相结合，如何用计算机设备替代人工记账、算账、报账，实现对会计数据收集、存储、传输和各种加工处理的自动化，如何辅助财会管理人员完成管理、分析、预测和决策工作。1981年8月，在财政部、第一机械工业部和中国会计学会的支持下，中国人民大学和长春第一汽车制造厂联合召开了"财务、会计、成本应用计算机专题讨论会"，这次会议上正式把计算机在会计工作中的应用简称为"会计电算化"，它是以电子计算机为主的当代电子信息技术应用到会计中的简称。随着会计电算化事业的发展，会计电算化逐渐形成为一门融计算机科学、管理科学、信息科学和会计科学为一体的边缘学科。

会计电算化包含的内容极为丰富，狭义地说，会计电算化是指电子计算机技术在会计工作中应用的过程；广义地说，会计电算化是指所有与计算机在会计工作中应用有关的工作，是"会计电算化工作"的简称。随着我国会计电算化事业的发展，会计电算化的内容日益丰富，主要包括以下内容：

（1）政府和行业主管部门对会计电算化工作的宏观管理、法规制度建设、规划和实施等。

（2）单位会计电算化管理机构设置、会计信息系统的实施计划、会计电算化管理制度建设、会计信息系统实施队伍的组织等工作。

（3）单位会计信息系统的实施过程，计算机硬件设备的购置，系统软件的配置，会计软件的取得，新旧电算化系统的转换等。

（4）单位会计信息系统的使用和管理过程，会计信息系统的使用过程以及相关的人员管理、使用管理、维护管理、档案管理、财务管理等方面。

（5）会计电算化培训，包括在职会计人员进行会计电算化知识培训、会计软件操作培训、大专院校和科研单位进行会计电算化学历教育等。

（6）会计软件市场和市场管理。

（7）会计软件开发。

（8）会计电算化理论研究。

（9）计算机审计。

会计电算化根据其应用范围，可分为：基层单位会计电算化。在一个单位的会计工作中应用电子计算机；行业会计电算化。在某行业的基层单位实现会计电算化，行业主管部门的财务管理部门利用电子计算机对基层单位的会计信息进行搜集、汇总、分析和使用；综合管理部门的会计电算化。财政、银行、税务、统计等综合管理部门，利用电子计算机搜集、汇总、分析和使用有关单位的会计信息。

第一节　会计电算化的基本概念浅析

一、会计电算化的概念

在国际会计史上，电算化会计产生于 20 世纪 50 年代。1954 年美国通用电气公司第一次计算机上计算职工工资，开创了电子数据处理会计业务（Electronic Data Processing Accounting，EDPA）的新起点。

在会计工作上，"会计电算化"是指以计算机为主的当代电子技术和信息技术应用到会计实务中的简称，它是一个用计算机来替代人工记账、算账、报账，以及替代部分由人脑完成的对会计信息的分析、预测和决策的过程。

二、会计电算化的含义

会计电算化就是利用网络电子计算机来处理相关会计信息的一种技术，它的主要工具是网络中的电子计算机。在现代企业中把电子信息技术应用于企业的财务管理与相关的会计信息处理之中，能够代替传统的手工记账、算账以及报账等，还能够对会计信息进行系统科学的分析与利用，在很大程度上提高了企业财务部门的工作效率和经济利益，对促进企业的发展具有一定的积极作用。

会计电算化在企业中的应用使企业的管理更加趋于现代化，如果能够熟练地应用会计电算化的相关软件，会在最大程度上提高财务管理部门的工作效率，提高相关会计信息的质量，从而进一步提高现代企业的管理水平与经营水平。我国会计电算化从根本上改变了传统的手工做账方式，虽然能在一定程度上减轻相关工作人员的负担，并且提高会计工作的规范程度，但是会计电算化能够完成的工作相对来说较少，只能够在记账、报表等方面完成。所以，发展会计电算化迫在眉睫，不断完善会计电算化的法律法规，拓展会计电算化的业务范围，使其能够更好地在企业中发挥效用，推动企业不断前进。

三、会计电算化的内容

（一）会计电算化的宏观内容

会计电算化的宏观内容是指各级财政部门对全国和本地区、本系统、本行业的会计电

算化工作实施的组织推动、制定规划、培训人员、制定制度等管理活动。会计电算化的宏观内容主要包括以下几方面：

1．制定会计电算化发展规划

由财政部门及各行业主管部门制定会计电算化的宏观发展规划，包括国家、地区、行业的会计电算化目标、发展方向及实施办法。

2．制定会计电算化管理制度

现行的会计制度均以手工核算为基础，会计电算化不仅改变了核算手段，还影响到核算内容、方法、对象及程序，因此，制定相关的电算化条件下的会计管理制度势在必行。在进行会计电算化制度建设时，既要坚持统一领导原则，又要发挥各级财政、财务部门的积极性、主动性和创造性，制定适合自身特点的会计电算化管理制度。

3．搞好会计软件的评审与甩账工作

会计电算化的最终目的是彻底甩掉手工账，但甩账会涉及很多复杂问题，首先就是会计软件的评审，只有使用通过评审的会计软件才能更好地实现甩账。因此，必须由专门机构对会计软件的基本功能，以及使用的正确性、合法性、安全性进行评审。同时，甩账也需要具备一定的条件，由专门机构进行审核。

4．推动会计电算化的理论研究

会计电算化事业的发展，离不开会计电算化理论的指导，各级财政、财务部门应注重理论研究，支持专业理论研究机构和学术团体的活动，吸收理论研究的成果，以更好地推动会计电算化事业的发展。

5．进行会计电算化的人才培养

多渠道、多方式、多层次地培养会计电算化人才是发展会计电算化的关键。因此，进行会计电算化的人才培养也是会计电算化宏观管理的一项重要内容。

（二）会计电算化的微观内容

会计电算化的微观内容是指基层单位在建立了会计电算化系统后所进行的组织和管理工作，它是指运用各种管理方法和手段，对实现电算化后会计工作的人、财、物各要素进行有效的计划、组织、协调和控制，促进基层单位的会计信息收集、整理、传输、反馈的灵敏度和准确度，全面提高会计工作水平，使会计部门的职能和作用得到充分发挥，以便更好地为基层单位的财务管理和决策服务。会计电算化的微观内容主要包括以下几方面：

第一，建立和健全会计电算化的组织机构和管理制度。基层单位在实现会计电算化后，要根据其工作需要，调整原有会计部门的内部组织结构，设置专门的会计电算化机构。在设置新的会计电算化组织机构时应能体现提高效率、增加效益的原则。

第二，重新设立会计电算化的工作岗位。实施会计电算化后，应当设立新的会计工作岗位并明确各个岗位的职责。会计电算化的工作岗位主要有：系统管理员、系统操作员和系统维护员等。

第三，选择并使用好会计电算化软件。选择并使用好适合本单位会计核算特点的会计电算化软件，按会计软件的操作方法做好系统的初始化和日常账务处理，编制单位的各种会计报表，以进一步提高会计核算和财务管理的水平。

第四，建立健全各项会计电算化的操作规程和管理制度。增强防范意识，要严格遵循会计电算化的操作规程、操作权限、操作记录、数据备份及内部控制等规章制度，以保证系统正常、安全、有效地运行。同时，会计软件的使用需要良好的运行环境，因此还要做好日常的维护工作，包括硬件和软件的维护。

第五，为企业领导提供决策信息服务。及时为领导决策提供所需的各种账簿、报表等会计信息查询服务，及时打印输出各种会计凭证、会计账簿、会计报表及财务分析图表，安全存储各类会计数据和软件程序于软盘、硬盘或其他存储介质中。

四、会计电算化的特征

（一）人机结合

在会计电算化方式下，会计人员填制电子会计凭证并审核后，执行"记账"功能，计算机将根据程序和指令在极短的时间内自动完成会计数据的分类、汇总、计算、传递及报告等工作。

（二）会计核算自动化与集中化

在会计电算化方式下，登记账簿、对账、试算平衡等以往依靠人工完成的工作，都由计算机自动完成，大大减轻了会计人员的工作负担，提高了工作效率。计算机网络在会计电算化中的广泛应用，使得企业能将分散的数据统一汇总到会计软件中进行集中处理，既提高了数据汇总的速度，又增强了企业集中管控的能力。

（三）数据处理及时准确

利用计算机处理会计数据，可以在较短的时间内完成会计数据的分类、汇总、计算、传递和报告等工作，使会计处理流程更为简便，核算结果更为精确。

（四）内部控制多样化

在会计电算化方式下，与会计工作相关的内部控制制度也将发生明显的变化，内部控

制由过去的纯粹人工控制发展成为人与计算机相结合的控制方式，一部分控制措施融入会计信息系统，使得会计电算化环境下人工控制和软件控制并存，内部控制的内容更加丰富，范围更加广泛，要求更加严格，实施更加有效。

五、会计电算化对手工会计核算的影响

单位实现会计电算化后，对手工会计核算将产生以下影响：

（一）会计组织机构发生了变化

会计工作的组织机构以会计数据的不同形态为主要依据，一般把会计工作划分为以下专业组：数据（信息）收集组、信息编码组、数据处理组、信息分析组、系统维护组等。

（二）对会计人员素质提出了更高的要求

新的会计组织机构也产生了新的岗位设置和新的人员分工，会计工作不仅需要专业会计人员，还需要计算机专业人员，特别需要既懂会计又懂计算机的复合型人员，对会计人员素质提出了更高的要求。

（三）会计数据处理方式和账务处理程序发生了变化

实现会计电算化之后，会计数据的处理过程被分为输入、处理、输出三个环节，只要在数据输入环节加强准确性控制，计算机就可以自动完成记账、算账、对账、结账、转账及编制报表和会计核算数据分析等工作。与手工会计相比，数据处理无论在准确性上还是在处理速度上都发生了很大的变化，会计信息的准确性和及时性及会计数据处理的集中化、自动化程度大大提高，账务处理程序也趋于简单。

（四）部分会计处理方法发生了变化

（1）对账方法发生了变化。原始会计数据即各种会计凭证在输入过程中都要经过计算机的逻辑校验，所有的日记账、明细账、总账的数据都是由计算机对输入的会计凭证进行处理产生的，即数出一源，因此不会发生账证、账账不符的情况。对于账实核对，则是把手工盘点的结果作为原始凭证输入计算机，和机内的账存数进行核对，以确定实物的盘盈或盘亏。

（2）期末账项调整和结账的方法发生了变化。在电算化条件下，由计算机根据预先编好的程序来完成，进行自动转账、自动结账，一旦结账完毕，计算机就将本期会计数据自动转入下期，本期已结完的账务数据便不能进行任意更改。

（3）错账更正方法发生了变化。在会计电算化方式下，输入数据要经过逻辑性校验（如会计科目逻辑校验、借贷金额平衡校验），因此不需要用画线更正法来更改账簿记录，如

果账簿记录有问题，那么一定是合法性问题，这时往往采用红字冲销法即输入"冲销凭证"加以更正，以便留下改动痕迹。

（五）内部控制制度发生了变化

在会计电算化条件下，由于计算机的使用，部分内部控制工作必须由计算机通过专门程序进行，这种内部控制的程序化，使控制对象由原来的对组织、文档等进行控制扩展到还要对软件、硬件及运行环境进行控制；控制方式从单纯的手工控制转化为组织控制、手工控制和程序控制相结合的全面内部控制；对控制的要求也比以往更为严格，包括组织控制、职能分割控制、系统使用权控制、输入／输出正确性控制、操作过程控制、系统运行环境控制、系统文档管理控制等。

（六）会计数据存储介质发生了变化

在会计电算化条件下，会计数据均存放在磁盘等磁性介质上，由于这些磁性介质信息容量大，使得会计档案具有体积小、有利于保存的特点。因此，会计单位不仅要建立纸介质会计档案管理制度，还要建立严格的会计电算化数据备份、数据恢复等针对计算机电磁存储介质的数据保管制度。

（七）对会计工作环境提出了更高的要求

电算化会计信息系统的主体是计算机，它所运行的环境要求更高。首先要求配备计算机设置专门的适合计算机工作的场所，温度、湿度、通风都应当符合标准，还应当做到防震、防磁、防火、防水、防尘等，以保证计算机、打印机、通信设备都能正常运行。最后，还要加强机房安全保密工作，保证电算化会计信息系统的安全、完整。

六、实现会计电算化的意义

（一）提高了会计工作质量

应用计算机进行会计数据处理，可以充分发挥计算机的自动控制能力和使用各种校验方法，避免各种处理差错的产生。同时，利用计算机精度高的特点和数据处理强的优势，可以使会计数据处理更为准确、可靠，从而提高会计工作质量。

（二）提高了会计工作效率

计算机强大的数据处理功能可以使会计数据处理的速度大大提高，不仅能及时、准确地提供各种会计信息，还减轻了会计人员的劳动强度，使会计人员有更多的时间和精力从事财务数据的分析和管理，提高了会计工作效率。

（三）提高了会计人员素质

电算化条件下不仅要求会计人员具有会计专业知识，还必须具有计算机专业知识，这就迫使广大会计人员进一步学习业务知识，开拓知识面，而计算机在会计工作中的应用又为会计人员进一步学习、发展提供了时间和机会，使会计电算化工作和学习深造相互促进，共同提高。

（四）促使企业向管理现代化迈进

会计工作实现电算化后，大量的会计信息资源可以得到及时记录、汇总和分析，并可以通过网络系统迅速传递，提高会计信息的及时性、系统性、全面性和共享程度，有利于形成网络化的会计信息系统和企业管理信息系统，促使整个企业管理向现代化迈进。

第二节　电算化会计信息系统的概念与组成

一、电算化会计信息系统的概念

电算化会计信息系统是会计电算化的工作平台，为加深对会计电算化的理解，必须对电算化会计信息系统的概念、组成有所了解。

（一）数据与信息

数据与信息都是电算化会计信息系统的主要处理对象。

数据（data）是反映客观事物的性质、形态、结构和特征的符号，并能对客观事物的属性进行描述。数据可以用具体的数字、字符、文字或图形等对客观事物的属性进行描述。

信息（information）是数据加工的结果，它可以用文字、数字、图形等形式，对客观事物的性质、形态、结构和特征等方面进行反映，帮助人们了解客观事物的本质。

数据与信息是一对相互联系的概念，信息必然是数据，但数据未必是信息，信息是数据的一个子集，只有经过加工的数据才能称为信息。

（二）会计数据与会计信息

会计数据与会计信息也是一对相互联系的概念，其概念上的主要异同如表1-1所示。

表 1-1　会计数据与会计信息的概念异同

内容	会计数据	会计信息
定义	指用于描述经济业务属性的数据，它存在于各种原始凭证、记账凭证、会计账簿等载体上	指按照一定的要求或需要进行加工、计算、分类、汇总而形成的有用的会计数据
作用	用于描述会计核算与管理业务的属性	对会计数据进行加工处理，用会计语言反映会计数据的信息特征
特点	会计数据具有连续性、系统性和周期性的特点	按照一定的会计核算程序对会计数据进行加工处理，用会计语言反映会计数据的特征

会计数据与会计信息的相互联系如下所述：

1. 会计数据是会计信息加工的对象

在会计工作中，会计数据是用于描述经济业务属性的数据，可以从不同来源、渠道取得的各种原始凭证、记账凭证、会计账簿等会计数据的载体上获取大量描述会计核算、会计管理业务属性的会计数据，这些就成为会计信息加工的对象。

2. 会计信息是会计数据加工的结果

会计人员可以根据记账凭证（原始资料数据）登记各种总账、明细账、日记账等会计账簿，根据生成的会计账簿进一步编制资产负债表、利润表、现金流量表等各种会计报表，向企业有关各方提供有用的财务信息；在此基础上，还可以进一步对财务信息进行对比分析，为企业经营者提供管理和决策信息。

（三）会计信息系统

要了解会计信息系统，就必须首先对系统、信息系统的概念有所了解。

系统（System）是为实现某一目标而由一些相互联系、相互作用的若干要素组成的具有一定功能的有机整体。信息与系统结合起来就组成了信息系统。

信息系统（Information System）是指基于计算机和各种软件技术、融合各种相关理论和管理方法，以信息为处理对象，进行信息的收集、传递、存储和加工，并在必要时向信息的使用者输出信息的人—机相结合的系统。

会计信息系统（Accounting Information System）是专门用于处理单位会计业务，收集、存储、传输和加工各种会计数据，输出会计信息的信息系统。它是企业管理信息系统（Management Information System）的一个子系统，是为单位的经营活动和决策活动提供帮助，为投资人、债权人、政府有关部门提供财务信息的系统。

（四）电算化会计信息系统

在了解会计信息系统的基础上，把基于计算机环境的会计信息系统称为"电算化会计

信息系统（简称 CAIS ）"。电算化会计信息系统是指利用计算机对会计信息进行收集、加工、存储和传送，利用会计信息对经济活动进行反映和控制，从而为管理者和决策者提供信息的系统。

电算化会计信息系统具有会计数据处理准确率高、处理速度快，以及所提供的会计信息的系统性、全面性、共享性强的特点，并具有较强的预测和决策功能。

二、电算化会计信息系统的组成

电算化会计信息系统是由计算机硬件、计算机软件、会计人员和会计制度四部分组成。

（一）计算机硬件

计算机硬件是指电算化会计信息系统中所有机械、电、光、磁等物理设备，如计算机主机、打印输出设备和网络设备等。计算机硬件是电算化会计信息系统运行的物质基础，计算机硬件设备选择和配置的好坏将直接影响电算化会计信息系统的运行质量和工作效率。

（二）计算机软件

计算机软件是指应用于计算机的各种程序和文档，包括系统软件和应用软件。系统软件是为了有效地利用计算机的各种资源和帮助用户使用计算机而支持控制和管理计算机硬件和应用软件的一系列程序，目前，计算机系统软件平台大多采用 Windows 系列操作系统。

应用软件是在系统软件的基础上为解决特定的具体实际问题而开发的应用程序，如主要用于会计核算和管理业务的会计软件、Office 办公软件等。

（三）会计人员

会计人员是指进行电算化会计信息系统的操作、维护和管理等工作的人员，如系统管理员、系统操作员、凭证录入员、凭证审核员、系统维护员和会计档案保管员等。

（四）会计制度

会计制度是指为保证电算化会计信息系统的安全运行而制定的岗位责任制度和管理制度，如电算化会计信息系统各种岗位责任制度、电算化会计信息系统的操作运行管理制度、电算化会计信息系统的档案管理制度等。

三、企业会计信息化

（一）企业会计信息化建设

企业应当充分重视会计信息化工作，加强组织领导和人才培养，不断推进会计信息化在本企业的应用。企业应当指定专门机构或者岗位负责会计信息化工作。未设置会计机构和配备会计人员的企业，由其委托的代理记账机构开展会计信息化工作。

企业开展会计信息化工作，应当根据发展目标和实际需要，合理确定建设内容，避免投资浪费。

企业开展会计信息化工作，应当注重信息系统与经营环境的契合，通过信息化推动管理模式、组织架构、业务流程的优化与革新，建立健全适用信息化工作环境的制度体系。

大型企业、企业集团开展会计信息化工作，应当注重整体规划，统一技术标准、编码规则和系统参数，实现各系统的有机整合，消除信息孤岛。

企业配备的会计软件应当符合会计软件和服务规范的要求。

企业配备会计软件，应当根据自身技术力量以及业务需求，考虑软件功能、安全性、稳定性、响应速度、可扩展性等要求，合理选择购买、定制开发、购买与开发相结合等方式。定制开发包括企业自行开发、委托外部单位开发、企业与外部单位联合开发。

企业通过委托外部单位开发、购买等方式配备会计软件，应当在有关合同中约定操作培训、软件升级、故障解决等服务事项，以及软件供应商对企业信息安全的责任。

企业应当促进会计信息系统与业务信息系统的一体化，通过业务的处理直接驱动会计记账，减少人工操作，提高业务数据与会计数据的一致性，实现企业内部信息资源共享。

企业应当根据实际情况，开展本企业信息系统与银行、供应商、客户等外部单位信息系统的互联，实现外部交易信息的集中自动处理。

企业进行会计信息系统前端系统的建设和改造，应当安排负责会计信息化工作的专门机构或者岗位参与，充分考虑会计信息系统的数据需求。

企业应当遵循企业内部控制规范体系要求，加强对会计信息系统规划、设计、开发、运行、维护全过程的控制，将控制过程和控制规则融入会计信息系统，实现对违反控制规则情况的自动防范和监控，提高内部控制水平。

对于信息系统自动生成、且具有明晰审核规则的会计凭证，可以将审核规则嵌入会计软件，由计算机自动审核。未经自动审核的会计凭证，应当先经人工审核再进行后续处理。

处于会计核算信息化阶段的企业，应当结合自身情况，逐步实现资金管理，资产管理、预算控制、成本管理等财务管理信息化；处于财务管理信息化阶段的企业，应当结合自身情况，逐步实现财务分析、全面预算管理、风险控制、绩效考核等决策支持信息化。

外商投资企业使用的境外投资者指定的会计软件或者跨国企业集团统一部署的会计软件，应当符合会计软件和服务规范的要求。

（二）企业会计信息化会计资料管理

分公司、子公司数量多、分布广的大型企业、企业集团应当探索利用信息技术促进会计工作的集中，逐步建立财务共享服务中心。实行会计工作集中的企业以及企业分支机构，应当为外部会计监督机构及时查询和调阅异地储存的会计资料提供必要条件。

企业会计信息系统数据服务器的部署应当符合国家有关规定。数据服务器部署在境外的，应当在境内保存会计资料备份，备份频率不得低于每月一次。境内备份的会计资料应当能够在境外服务器不能正常工作时，独立满足企业开展会计工作的需要以及外部会计监督的需要。

企业会计资料中对经济业务事项的描述应当使用中文，可以同时使用外国或者少数民族文字对照。

企业应当建立电子会计资料备份管理制度，确保会计资料的安全、完整和会计信息系统的持续、稳定运行。

企业不得在非涉密信息系统中存储、处理和传输涉及国家秘密、关系国家经济信息安全的电子会计资料；未经有关主管部门批准，不得将其携带、寄运或者传输至境外。

企业内部生成的会计凭证、账簿和辅助性会计资料，同时满足下列条件的，可以不输出纸面资料：①所记载的事项属重于本企业重复发生的日常业务；②由企业信息系统自动生成；③可及时在企业信息系统中以人类可读形式查询和输出；④企业信息系统具有防止相关数据被篡改的有效机制；⑤企业对相关数据建立了电子备份制度，能有效防范自然灾害、意外事故和人为破坏的影响；⑥企业对电子和纸面会计资料建立了完善的索引体系。

企业获得的需要外部单位或者个人证明的原始凭证和其他会计资料，同时满足下列条件的，可以不输出纸面资料：①会计资料附有外部单位或者个人的、符合《中华人民共和国电子签名法》的可靠的电子签名；②电子签名经符合《中华人民共和国电子签名法》的第三方认证；③所记载的事项属于本企业重复发生的日常业务；④可及时在企业信息系统中以人类可读形式查询和输出；⑤企业对相关数据建立了电子备份制度，能有效防范自然灾害、意外事故和人为破坏的影响；⑥企业对电子和纸面会计资料建立了完善的索引体系。

企业会计资料的归档管理，遵循国家有关会计档案管理的规定。

实施企业会计准则通用分类标准的企业，应当按照有关要求向财政部报送 XBRL 财务报告。

第三节　会计电算化的实现过程

企业单位实现会计电算化是会计工作的发展方向，是促进企业会计基础工作规范化和提高经济效益的重要手段和有效措施，同时，会计电算化的组织实施与管理又是一项系统而复杂的工程，因此，要结合企业的实际，按照系统化的要求进行精心组织、科学实施，在实施过程中要着重解决会计电算化的工作机构、计算机硬件设备与软件选购、会计人员培训、会计电算化制度等要素的匹配问题。

企业实现会计电算化主要过程包括以下几个方面：制定会计电算化总体规划和实施计划；实现会计业务的规范化；建立会计电算化的运行环境；配置会计软件；培训会计电算化人员；计算机替代手工记账。

一、制定会计电算化的总体规划

（一）制定企业会计电算化总体规划的原则

会计电算化总体规划是企业单位对近几年会计电算化工作所要达到的目标及如何有效地、分步骤地实现这一目标而做的规划，它是企业单位对会计电算化工作的组织实施所做的总体可行性研究和战略规划。制定会计电算化总体规划一般要遵循以下原则：

1. 整体性原则

整体性原则是解决企业单位管理信息系统与电算化会计信息系统及其各功能模块间关系的基本原则。基于这一原则，企业制定的会计电算化的发展目标要和企业的总体发展目标相适应，要特别注意企业电算化会计信息系统与整个企业管理信息系统相互衔接，要以电算化会计信息系统为核心，将账务处理、应收应付款管理、工资管理、固定资产管理、报表管理与财务分析等子系统有机联系起来，构成一个以数据共享、安全高效为特征的网络化的现代企业管理信息系统。

2. 阶段性原则

阶段性原则主要解决会计电算化实现过程中的问题，由于会计电算化的实现是一个长期的发展过程，很难一步到位，必须在制定总体实施方案的基础上确立分阶段的实施目标，对每一阶段的任务、目标做出明确的规定，以协调和组织各阶段的工作，使每阶段的工作

都为总体目标的实现奠定基础。

3. 可行性原则

企业制定会计电算化发展规划要以本单位的客观需要和实际出发，否则就失去了制定规划的意义，很难对电算化会计信息系统的建立起到统驭作用。这一原则适用于已建立 ERP（企业资源计划系统）的单位，因为 ERP 系统往往包含已确定的特定管理模式，单位能否适应这种管理模式，是决定系统运行成败的关键。因此，单位在制定规划时，一定要考虑这种客观的可行性。

4. 领导负责原则

会计电算化需要不同层次、不同专业的人员共同参与，系统实施的总体规划、各阶段的实施方案、经费预算都需要单位领导审批，会计数据分类、会计编码方案和凭证账簿报表格式需要单位各部门的配合，而会计数据的采集更需要各部门的通力合作，这些全局性的问题仅靠财会部门和计算机技术人员是无法解决的，会计电算化的实施必须由企业单位的领导亲自挂帅，组级各职能部门领导统一协调，统筹解决这些问题。

（二）企业会计电算化总体规划的主要内容

企业单位的会计电算化总体规划应以企业的发展战略目标为依据，结合企业的实际情况制定。企业会计电算化总体规划主要包含以下内容：①制定本单位会计电算化工作目标；②确定电算化会计信息系统的总体结构；③选择电算化会计信息系统建立的途径；④电算化会计信息系统硬件设备与系统软件的配置；⑤确定会计电算化的实现步骤；⑥确定会计电算化工作管理体制和机构；⑦制定专业人员的培训和配备计划；⑧费用预算和资金来源规划。

二、企业会计业务的规范化

实现会计电算化后，首先要改变的是原有的手工会计数据处理方法和流程，由于计算机是在程序控制之下集中、自动完成会计数据处理的，这一工作特点对会计工作提出了新的规范要求，会计业务的规范化主要包括：会计数据的规范化、会计工作程序的规范化、会计信息输出的规范化等。

会计软件配置风险在会计电算化实施过程中，需要根据电算化信息系统来配置会计软件，而且软件配置的是否恰当直接关系到会计电算化的质量。在会计软件配置风险中，主要隐患来自购买和开发环节。部分单位在选购会计软件时，一味地追求好产品，而对自身的实际情况欠考虑，这就导致在具体应用过程中配置的软件实用性较差，部分软件对运行环境具有较高要求，这也导致会计人员对软件的使用要求提高，从而对财务核算的安全性带来较大的影响。

（一）会计数据的规范化

会计数据的规范化主要包括会计数据收集的规范化和基础数据、历史数据的规范化。

（1）会计数据收集的规范化。为了满足不同管理层次对会计信息的要求，必须建立会计数据收集的规章制度，对会计原始数据的来源渠道和数据格式内容做出明确的规定，设计出规范化的单证格式，以保证所收集会计数据的真实性、系统性和完整性。

（2）基础数据的规范化。会计基础数据一般分为两类：一类是用于管理会计所需要的各种成本费用定额标准和预算指标；另一类是进行会计核算所需的各种存货、固定资产等名称和编码。对于第一类基础数据，要结合会计准则和企业内部管理制度编制出科学、合理、完整的标准，规定相应的审核批准权限和编码规则。对于第二类基础数据，要根据计算机对数据处理的要求，对原有的数据进行认真的整理，规范其数据名称和编码规则，并尽可能地采用企业会计准则。

（3）历史数据的规范化。为保证电算化会计信息系统的正常运行，还需对有关会计历史数据进行必要的规范，对历史数据的规范主要包括对应收应付往来账、银行账进行的有关数据清理，对其下属账户名称及编码进行规范，对凭证摘要编码进行规范化整理，以保证会计账簿记录的准确性。

（二）会计工作程序的规范化

会计工作程序的规范化包括对手工会计业务的整理和对电算化会计信息系统核算方法的确定两项内容，这项工作是会计基础工作规范的核心。企业要按照《会计法》《企业会计准则》《会计基础工作规范》的有关要求，规范会计核算程序。企业单位会计工作程序的规范化主要包括以下几项工作：

（1）会计科目体系的规范化。会计科目是对会计对象的具体内容进行分类核算的指标体系，会计科目体系设置的好坏直接影响所提供会计信息的质量，企业应按新的《企业会计准则》的要求设置和使用会计科目，以便编制会计凭证、登记会计账簿、查阅会计账目，为实现会计电算化做好必要的准备。

（2）会计业务核算方法的规范化。会计业务核算方法的规范化主要是指企业根据《企业会计准则》的有关规定，选择会计核算方法和会计核算程序，并将其具体体现在计算机对会计数据的处理过程中。

（三）会计信息输出的规范化

会计信息输出的规范化主要包括会计账簿体系的规范化和会计报表体系的规范化。

（1）会计账簿体系的规范化。《企业会计制度》《会计基础工作规范》对会计账簿的体系、格式、核算内容都做了比较详尽的规定，在会计电算化条件下，会计账簿体系的规范化主要是指遵照上述制度规范进行程序设计，使系统输出的各类会计总账、明细账、日记账的格式和内容符合会计制度要求，这样也便于会计人员适应从手工会计核算到应用计算机进行会计核算的转变。

（2）会计报表体系的规范化。企业会计报表按使用对象不同可分为对外报送的财务会计报表和对内使用的管理会计报表。其中财务会计报表要遵循《企业会计制度》《企业会计准则》等的要求，根据制度要求，确定财务会计报表的报表格式和报表数据的计算公式，在生成财务会计报表时，要根据已确定好的会计科目体系和核算方法确定报表的会计要素、数据来源、取值范围和运算关系，以确保财务会计报表编制的准确性。

三、建立会计电算化系统的运行环境

会计电算化系统的运行环境是由计算机硬件和软件构成的。

（一）硬件的配置

1. 硬件设备

我国企业目前使用的会计电算化系统硬件设备主要由各种型号的计算机主机、计算机外部设备和计算机工作环境设备构成。

（1）计算机主机设备。选择计算机主机主要参考以下重要技术指标：

CPU 的主频：CPU 的主频越高，其运行速度越快。目前有的 PC 主频已达到 3GHz 以上。

基本字长：基本字长是指参与运算的基本单元的位数，基本字长越长，运算的精确度越高，数据的处理能力就越强。

内存容量：内存容量是计算机重要的性能指标，一般来说，内存容量较大的计算机可以运行规模较大的软件，其应用范围大，处理功能强，机器的性能也更好。目前 PC 的标准内存配置为 2GB 的内存配置正在流行。

可扩充性：即计算机允许配置的外部设备的最大数量和种类。

（2）计算机外部设备。计算机外部设备起着沟通计算机与操作者的桥梁作用。计算机外部设备主要有：显示器、打印机、硬盘、光驱和闪盘等。

（3）计算机工作环境设备。计算机工作环境一般应配置空调和 UPS 电源。UPS 电源分在线式和后备式两种，在线式 UPS 电源不但可作为后备式电源，还具有稳压作用。为避免突然停电可能造成的会计数据丢失，企业最好配置在线式 UPS 电源。

2．选择计算机硬件设备的结构体系

计算机硬件设备的结构体系可分为六类，如图 1-1 所示。

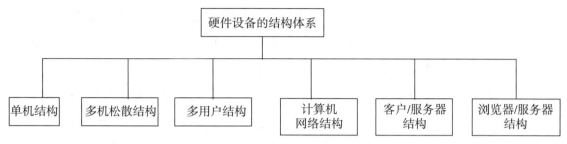

图 1-1　计算机硬件设备的结构体系

（1）单机结构。整个电算化会计信息系统只设置一台计算机和相应的外部设备，在单机结构中，所有的会计数据都集中输入、存储和输出。采用这种结构，会计数据的共享性、一致性好，但由于输入、输出集中，同一时刻只能由一个用户使用，工作效率低，一般适用于会计业务量小、核算方法简单的中小型企业。

（2）多机松散结构。为了解决单机工作等待的问题，一些单位配置了多台计算机，每台计算机都有其相应的输入、输出设备，形成一个松散的多机结构，会计业务分散在多台计算机中完成，避免了多个会计人员互相等待、互相干扰，同时，通过多台设备间的会计数据备份，提高了系统的可靠性。但由于多台计算机间仅能通过软盘传递会计数据，数据的共享性差，系统的整体效率较低。

（3）多用户结构。多用户结构主要用于大型企业的会计电算化工作中，由于大型企业财务数据发生量大，并且要求集中管理，所以采用中小型计算机作为服务器，各个核算岗位可以同时输入会计数据，由服务器对会计数据进行集中处理。这种分散输入、集中处理的方式，可以充分发挥中小型计算机具有的数据存储量大、运行速度快、计算精度高等特点，很好地实现了会计数据的共享。但是一般的中小型机都采用相对独立的操作系统，系统可移植性差，并且应用软件和实用工具软件的开发周期长、费用高，因此也有越来越多的企业采用计算机局域网代替小型机。

（4）计算机网络结构。计算机网络利用通信设备和线路，将不同地理位置、具有不同功能的计算机系统连接起来，以功能完善的网络软件实现系统内的资源共享和信息传递。由于计算机网络技术的发展，计算机可以很方便地联网，网络中的每一台计算机都有独立的数据处理能力，并且实现了系统硬件、软件及数据的共享，单机间可以实现方便、快速

的数据交换，因此比较适合大中型企业选用。

（5）客户／服务器（Client/Server）结构。客户服务器结构可以将不同操作系统的计算机连在一起，共同完成用户的所有要求，它将一个应用系统分为前端和后端，前端称为客户端，后端称为服务器端。前端的工作站可以自行运行应用程序，在需要服务器支持时，向后端发出申请，共享服务器的资源。这种网络结构应用灵活，减少了网络传输量和网络冲突，提高了网络管理的性能和会计电算化应用系统的开发速度，是一种大有前途的网络工作方式。用友 U8 系统软件采用的就是这种结构。

（6）浏览器／服务器（Browser/Server）结构。浏览器／服务器结构是随着 Internet 技术的兴起，对 C/S 结构的一种改进的结构，在这种结构下，用户工作界面是通过 WWW 浏览器来实现的，极少部分会计电算化业务逻辑在前端（Browser）实现，主要业务逻辑在服务器端（Server）实现，形成所谓三层（3-tier）结构，这样就大大简化了客户端计算机载荷，减少了会计电算化系统维护与升级的成本和工作量，此外，它还能有效地保护会计电算化系统的数据平台和管理访问权限，服务器数据库也很安全。用友 NC 系统软件采用的就是这种结构。

（二）计算机系统软件的配置

计算机软件分为系统软件和应用软件两大类，具体来讲，计算机系统软件的配置主要包括以下四个方面：①操作系统。系统软件的选择首先是操作系统的选择，目前流行的会计软件绝大多数采用的是 Windows 系列操作平台。②汉字系统。电算化会计信息系统的软件平台还要考虑汉字操作系统的选择。目前应用最广的 Windows 系列软件都有中文版，系统自带多种方便的五笔、拼音等汉字输入功能，以及灵活设置汉字字体、字型、字号的汉字输出功能，基于 Windows 平台下开发的会计软件如用友、金蝶等，都可以方便地在中文环境下运行。③数据库管理系统。数据库管理系统是对大量复杂数据进行有效管理的软件，电算化会计信息系统用来进行会计数据的管理工作。我国前些年大多数电算化会计信息系统使用的是 Foxbase 等小型数据库，近几年来，电算化会计信息系统则开始使用 Access、SQL Server、Oracle 等大中型数据库系统进行软件开发，在这些大中型数据库系统的支持下，电算化会计信息系统的数据处理和数据安全有了充分的保障。④工具软件和办公自动化软件。工具软件是用来帮助计算机用户完成较复杂操作任务的软件包，如防范计算机病毒的杀毒软件。办公自动化软件是一些具有强大文字处理和表处理功能的字表软件，如微软公司推出的 Office 系列软件中的 Word、Excel 等，可以作为会计电算化系统的辅助部分，完成一些财务报表和简单会计数据的文字处理和排序工作。

四、配置会计软件

目前从企业应用的会计软件看，用友财务软件多。从企业应用的会计软件类型上看，单机版较少，网络版比例多，通过不同客户端来协同完成会计业务。从企业开设的电算化模块看，总账和报表模块最多，应收应付、固定资产和工资模块较少，财务分析和领导决策模块更少，可以看出软件应用层次较低。

（一）商品化会计

从会计软件选型看，直接采用商品化软件较多，发展商品化与定点开发结合是企业软件选型的一般模式。

商品化会计软件是指经过评审通过的用于在市场销售的通用会计软件。商品化会计软件一般具有通用性、合法性和安全性等特点。选择通用商品化会计软件是企业实现会计电算化的一条捷径，是采用最多的一种方式。采用商品化会计软件的优点：见效快、成本低、安全可靠、维护有保障。其缺点：一是不能全部满足使用单位的各种核算与管理要求；二是对会计人员要求较高（如要求用户定义各种计算公式、设置各种单据表格等），否则会计人员会感到使用不便，对于通用性比较好的部分模块，如总账和报表模块，一般使用商品化会计软件，而对于本单位有特殊核算和管理要求的功能，在商品化会计软件不能满足的情况下，自行开发，然后利用商品化会计软件提供的接口，将他们连接起来。

（二）核算型会计软件

从软件使用部门看，财务使用比例大，其他更多的部门没有实施，推进各个部门信息化的任务重，一般选用核算型会计软件。

核算型会计软件是指专门用于完成会计核算工作的电子计算机应用软件，用来实现会计核算电算化。会计核算电算化是会计电算化最重要的组成部分，它面向事后核算，采用一系列专门的会计核算方法，实现会计数据处理电子化，提供会计核算信息，完成会计电算化基础工作。其主要任务是设置会计科目、填制会计凭证、登记会计账簿、进行成本计算和编制会计报表等。主要内容包括总账处理、工资、固定资产、成本、采购、存货、销售、往来账款核算和报表处理等。

（三）管理型会计软件

从企业的管理方面上看，一般使用管理型会计软件。

管理型会计软件的含义从狭义上讲，管理型会计软件是指支持企业财务部门整体会计业务处理工作要求的部门级财务软件，即指专门用于完成财务部门内部的会计核算与管理工作的电子计算机应用软件。从广义上讲，有三层含义：①指以财务为核心的，包括物资、设备、生产、销售、劳人等管理在内的企业管理信息系统（Management Information System，MIS）。②指能综合以财务信息为主的各种因素，分析未来发展趋势，为管理者提供各种决策信息的会计辅助决策支持系统（Decision Support System，DSS）。③指用于完成会计过程中的事前、事中、事后三个阶段的管理工作，融会计核算与监督、分析与控制、预测与决策为一体的多功能会计软件。管理型会计软件的功能是在全面会计核算的基础上，对会计信息进行深层加工，实现会计管理职能。它是核算型会计软件内涵和外延的扩展，它面向管理工作。管理型会计软件以财务管理学为理论基础，以辅助决策为目标，以数据为中心，广泛采用会计学、统计学、运筹学、数量经济学等方法，建立反映特定财务管理问题的模型，提供管理上所需要的各种财务信息。其主要任务是开展财务分析、进行会计预测、编制财务计划和进行会计控制。

五、培训会计电算化人员

（一）会计电算化人员的配备

会计电算化人才是会计电算化系统中起主导作用的基本因素，实现会计电算化，人才是关键，只有会计人员普遍掌握会计电算化的基础知识和操作技能，实现会计电算化才能有保障。会计电算化的工作人员的配备一般可分为三大类：第一类是电算化会计信息系统软件的开发人员，主要负责完成电算化会计信息系统软件的开发工作，详细还可分为系统分析员、系统设计员、系统程序员、系统测试人员等；第二类是会计电算化的应用人员，他们主要负责电算化系统的使用和维护，一般包括软件操作员、软件维护员、硬件维护人员等；第三类是会计电算化的管理人员，他们从事会计电算化的组织协调工作，指导基层会计电算化工作的开展。

（二）会计电算化人员的培训内容

1. 会计业务流程

商品化会计软件为实现其通用性，只能从最基本的业务流程入手，具体到每一个单位的每一个会计业务环节则通过参数设置来完成。所以，操作员对本单位业务流程的了解程度决定了会计软件是否能正确反映企业的现状，这就要求会计电算化工作人员熟悉本单位的业务流程，按照自身情况设置运行参数，还要尽量注意计算机信息处理的特点，尽可能地对手工状态下的业务流程加以改造，使之适应电算化的需要。

2. 会计方法

会计软件在设计的时候，一般都考虑到会计人员的主导作用，通过会计人员与通用会计软件的结合来解决企业的各种核算方法、各种复杂和特殊情况所提出的需求，所以会计电算化工作人员必须对手工方式下各种会计核算方法有所了解，才有可能对会计软件进行既定参数的正确设置。

3. 计算机知识

对使用商品化软件的企业来讲，会计电算化工作人员还应进行与会计电算化有关的计算机软件 / 硬件技术的学习培训，重点培训对会计软件的操作和对计算机技术的总体把握，特别要关注计算机数据库管理系统、办公自动化软件和网络技术的应用。

由于企业会计人员的素质和计算机应用水平不一，其岗位培训的需求也各不相同，要针对企业会计人员的具体情况和会计电算化岗位的实际需求灵活制订培训计划，以满足企业会计电算化工作的需要。

（三）提高会计人员业务素质

对于会计人员而言，专业会计知识是其职业判断能力的基础，也是会计人员应具备的最起码的从业知识，会计人员要不断去学习，扩展自己的专业知识。同时，随着计算机的应用在各行各业的普及，它在会计人员的工作中也成为不可缺少的角色，会计人员也应该经常参加计算机的培训，提高自己的计算机水平。

会计电算化的知识是不断更新的，会计人员在取得上岗证书之后，还应不断学习，不断接受再教育。会计电算化要求会计人员要掌握比较丰富的管理知识，利用会计电算化的优势，为单位预测、决策和控制等管理工作服务。积极推进会计电算化进程，大力加强人才培训的力度，提高会计人员综合业务素质。在培训的内容上要切合实际工作的需要，及时更新培训内容，完善会计人员会计电算化知识结构体系。培养会计电算化骨干力量；建立良好的培训机制，落实培训效果；造就一大批既精通计算机信息技术，又专长于财务管理知识，能够熟练地进行财务信息的加工和分析，满足企业对财务信息需求的复合型人才，为促进会计电算化的顺利发展打下良好的基石。在各单位实行会计电算化的过程中，更应立足于国际水准，注重培养复合型会计人才，使他们能够掌握国际先进技术，精通信息技术，熟练应用会计电算化，推动企业会计电算化事业由"核算型"向"管理型""智能型"转变。各基层应积极支持及组织会计人员学习会计电算化知识，使他们成为复合型人才，为本企业建立高效的会计信息服务系统。

第四节　我国会计电算化的发展历程和现状

一、会计电算化及其发展历程

会计电算化是指电子计算机技术在会计业务中的应用，具体地说就是利用计算机代替手工记账、算账、报账、用账以及部分会计信息处理、分析、判断的过程。具有中国特色的专有名词——"会计电算化"，最早是1981年中国会计学会在长春召开的研讨会上提出的。自第一次提出会计电算化以来，其在我国的发展主要经历了三个阶段：缓慢发展阶段、自发发展阶段、稳步发展阶段。在当前阶段，会计电算化仍存在一系列问题，有待解决。

二、我国会计电算化的发展现状

（一）对会计电算化认识上的局限性

虽然会计电算化在我国已经发展了一段时间，人们对电算化的基本认识也有所提高，但对电算化的重视程度仍不够。一些落后的错误思想，阻碍了电算化的发展进程。在现实生活中，一些企业的会计人员认为会计电算化只是会计与计算机的简单结合，认为会计电算化只是简单代替了传统手工记账，没有深刻认识到电算化在企业会计工作中所起到的重要作用。

（二）会计电算化管理制度不健全

我国会计电算化在管理制度方面仍存在缺陷。虽然一些单位规定了电算化的规章制度，但是许多措施并没有有效的可行性，也由于缺乏监督制度，导致会计电算化在管理上出现漏洞，一定程度上影响了会计电算化优势的体现。除此之外，会计档案的管理制度也不健全，一些会计人员并没有充分掌握电算化档案的组成部分，缺乏对会计档案的管理经验，可能造成会计信息泄露，给企业带来不必要的经济损失。

（三）会计电算化软件标准不统一

我国软件开发公司讲究软件的模式和特性，各种软件种类繁多、独具特色，软件之间缺乏统一标准，使用方法上也存在着一定的差异，造成大部分会计软件之间不能兼容，再加上对会计软件的混乱应用，使得会计软件经常出现一些技术问题，无法实现信息资源共享，给用户带来诸多不便。

（四）会计电算化保密性和安全性有待提高

会计电算化的广泛应用带来巨大经济价值的同时，其保密性和安全性仍有缺陷，例如：磁性介质损坏，会导致会计信息丢失；会计软件安装不规范，不注重更新升级，可能导致其出现安全故障；一些会计人员对其保密性和安全性不够重视，更不知如何防止病毒和黑客的入侵；同时会计电算化还使得舞弊的控制难度逐渐加大。这些问题的存在，对会计工作的保密和安全造成了一定的威胁。

三、我国会计电算化的发展历程及趋势

（一）我国会计电算化的发展历程

我国会计电算化工作起始于 20 世纪 70 年代，迄今为止，经历了四个发展阶段：

第一阶段是 1983 年以前的缓慢发展阶段。1979 年，长春第一汽车制造厂在财政部的支持下，投资 500 万元，从民主德国（东德）进口电子计算机，与中国人民大学合作进行计算机在会计工作中应用的试点工作，从而拉开了我国会计电算化工作的序幕。这一阶段的会计电算化处于试验和探索阶段，其显著特点是单项会计业务电算化。

第二阶段是 1983—1987 年的自发发展阶段。1983 年国务院成立了电子振兴领导小组，在全国掀起了计算机应用的热潮，促进了会计电算化的发展。1983 年，上海市在吴泾化工厂进行会计电算化试点工作，全国各地各行业的许多单位都不同程度地进行了会计电算化的实验工作。1982 年，中国人民大学等院校开始招收会计电算化研究方向的硕士研究生。这一阶段的主要特点如下：

其一，各单位自行组织开发会计软件，低水平重复开发现象严重，投资大、周期长、见效慢；会计软件多为专用定点软件，通用性、适应性差。

其二，单位开展会计电算化工作缺乏与之相配套的各种组织管理制度及其他控制措施。

其三，在宏观上，缺乏统一的规划、指导与管理，没有相应的管理制度。

其四，注重了会计电算化实践经验的总结和理论研究工作。

第三阶段是 1987—1993 年逐步走上有组织、有计划的发展阶段。随着会计电算化工作的逐步深入，要求加强组织、规划、管理的呼声越来越高，各地区、各部门也逐步开始了对会计电算化的组织与管理工作。1986 年，上海市成立了"会计电算化应用小组"，负责协调会计电算化工作。1987 年，北京先锋财会电算公司成立，1988 年开发成功了"先锋 CP-800 通用会计核算软件"，1988 年，"用友软件集团公司"的前身"用友财务软件服务社"成立。为了探讨会计电算化发展方向，解决会计软件的低水平、重复开发问题，

1989 年初，财政部通过调查研究，提出了会计软件规范化、通用化、商品化和会计软件售后服务社会化的发展方向。1989 年 12 月，财政部颁发了第一个全国性会计电算化的行政法规《会计核算软件管理的几项规定（试行）》。规定了财政部或省级以上财政厅（局）对商品化会计核算软件进行评审，以法规的形式对商品化会计软件加以肯定。1989 年 9 月，我国的第一个商品化会计软件"先锋 CP-800 通用会计核算软件"通过了财政部评审。到 1998 年 5 月为止，有 38 个会计软件通过了财政部的评审，200 多个会计软件通过了地方财政厅局评审。财政部确立的会计软件评审制度大大促进了我国商品化会计软件的发展。这一阶段我国会计电算化的主要特点如下：

其一，会计软件的开发向通用化、规范化、专业化、商品化方向发展；出现了一批开发和经营商品化会计软件的商品化单位。

其二，形成了以财政部为中心的会计电算化宏观管理体系。

其三，会计电算化的理论研究工作开始取得成效，会计软件标准逐步形成。

其四，培养和形成了一支实力雄厚的会计电算化队伍。

第四阶段是 1993 年至今有组织、有计划发展阶段。随着我国会计电算化的发展，管理部门对会计电算化的管理工作逐步完善，商品化会计软件逐步成熟，会计人员对会计电算化工作的重要性有了正确的认识，单位会计电算化工作水平有了很大的提高，许多基层单位已经用计算机替代了手工记账，商品化会计软件公司的实力不断壮大并向集团化方向发展；会计电算化形成了一系列标准。这一阶段我国会计电算化的主要特点如下：

其一，会计软件的开发进一步向通用化、规范化、专业化、商品化方向发展，软件功能不断完善、软件稳定性增强。目前国内的会计软件功能不仅能够处理账务、报表、工资、固定资产、材料、销售，正在向业务处理、成本核算、管理会计、财务分析等方面发展。

其二，开发和经营商品化会计软件的公司走向集团化、规模化、专业化。1997 年，我国最大的会计软件公司"用友软件集团公司"的销售收入达到两亿元人民币。

其三，会计软件公司之间走向自律性的发展道路，会计软件市场走向规范化。1995 年 12 月，国内的几十个会计软件公司自发成立了"财务软件行业协会"，隶属于中国软件行业协会，行会成立后，制定了"行约""会计软件售后服务办法""考试办法"等有利于会计软件行业发展的制度。

其四，会计软件的服务规范化、社会化，会计软件的服务有了一定的标准，出现了专门从事会计软件咨询服务的公司。

其五，会计电算化的各种标准逐步走向成熟。1994 年，财政部制定了《会计核算软件基本功能规范》，对会计核算软件提出了 40 条详细具体的功能要求；1996 年，财务软件行业协会制定了"会计软件售后服务办法"，1996 年财政部颁发了《会计电算化工作规范》，对基层单位进行会计电算化工作提出了指导性的意见，标志着会计电算化的标准化工作走向成熟。

其六，单位领导和会计人员对会计电算化工作热情高涨，会计人员学习会计电算化知识的自觉性非常高，用户会计软件的应用水平不断提高。1995 年以来，全国参加会计电算化初级知识培训的会计人员有 200 多万人次，购买商品化会计软件的单位有 20 多万家。

其七，形成了以财政部为中心的会计电算化宏观管理体系。1989 年财政部颁发了《会计核算软件管理的几项规定（试行）》，1994 年财政部颁发了《关于大力发展我国会计电算化事业的意见》《会计电算化管理办法》《商品化会计核算软件评审规则》《会计核算软件基本功能规范》，1995 年财政部颁发了《会计电算化知识培训管理办法（试行）》，1996 年财政部颁发了《会计电算化工作规范》等一系列的宏观管理制度和法规，同时各地财政厅局和国务院各业务主管部门，也制定了一系列有关会计电算化工作的制度和法规。

其八，会计电算化的理论研究工作走向深入，并培养和形成了一支实力雄厚的会计电算化理论研究队伍。1996 年 4 月，中国会计学会在北京召开了"中国会计学会会计电算化发展研讨会"，认为研究和制定适合我国特点的预测、决策、控制、分析方法与经济模型，积极促进建立以会计信息为核心的管理信息系统，研究和制定我国管理型会计软件的结构与规范，普及电算化专业知识，培训电算化高级人才是今后我国会计电算化的发展方向。

其九，外国大的会计软件公司和企业管理软件公司也加入我国会计软件市场竞争中来。

目前，在我国市场上销售的外国会计软件和企业管理软件近 20 个，外国软件加入我国会计软件的市场竞争，必将导致会计软件市场竞争白热化，同时会促进我国会计软件的发展。

国外会计电算化是在 20 世纪 50 年代第二代电子计算机时期开始的，但当时的电子计算机价格昂贵、程序设计复杂，加上只有少数计算机专业人员能够掌握这门技术，限制了它的应用范围。随着第三代大、中、小型通用电子计算机的大规模生产及软件工具的不断改进，会计电算化快速发展。70 年代以后，计算机硬件、软件的性能进一步得到改进，价格不断降低，特别是微型计算机的出现，计算机网络技术和会计专用计算机的发展，给会计电算化开辟了广阔的天地，使其呈现出普及化的趋势。国际会计师联合会（IFAC）于 1987 年在日本东京召开了第十三届世界会计师大会，中心议题就是会计师在电算化情况下的作用。当前工业发达国家的会计电算化已相当普及，多数企业程度不同地在会计工作

中应用了电子计算机。

（二）我国会计电算化的发展趋势

1. 复合型高端会计人才将不断涌现

随着科学技术的发展，会计行业对工作人员提出了更高的要求，它需要的不仅仅是懂得会计知识的普通从业人员，更需要的是精通财务软件的复合型高端会计人才。复合型高端会计人才不断涌现，将更好地解决企业在日常电算化工作中遇到的问题，缓解一部分技术压力，降低企业的咨询维护费用。在信息技术突飞猛进的今天，复合型高端会计人才将成为时代的主流。

2. 会计电算化将与管理会计更加紧密结合

在将来，会计电算化不仅是会计与计算机的简单结合，而是逐渐延伸到管理会计领域，实现与管理会计的更好融合。为适应时代潮流，会计电算化必将跨越财务和管理两大系统，为企业提供预测、决策、规划与分析，并为企业的经济效益进行评估。而对日益激烈的社会竞争，电算化与管理会计紧密结合将更好地服务于企业的长久发展。

3. 会计电算化的发展方向

会计电算化将向标准化、规范化、科学化发展。在未来会计电算化领域，将有更加规范的核算章程，更加健全的会计制度，更加标准的数据处理方式和更加科学的软件升级途径。这些将方便快捷的解决电算化在数据交换过程中不能兼容的问题，打破财务软件之间封闭独立的市场形态，建立规范化的软件通用标准，使各种会计软件在信息数据的安全管理、智能操作等方面能够通用。

4. 会计电算化的保密性和安全性将逐步完善

为了促进电算化的保密性和安全性，政府部门将通过制定和完善一些相关的法律法规，来规范会计工作中出现的一些问题，同时也将依法处理危害电算化安全的违法行为。会计人员也应提高安全防范意识，着重考虑信息数据的安全，努力做好信息数据的保密措施。软件开发商应将客户端与服务器之间相互传输的所有数据进行加密，为电算化系统提供一个良好的社会环境。

5. 会计电算化将向会计信息化方向发展

会计电算化是会计信息化的基础，会计信息化是会计电算化的必然趋势。随着信息时代的到来，会计信息化已经成为会计电算化发展的必由之路。会计信息化作为会计电算化工作的未来发展方向，有着极其广阔的发展前景。会计信息化可加强企业财务管理，降低生产成本，增加营业利润。虽然我国会计电算化已经向前迈出了稳健步伐，但在日新月异的信息时代，要得到充足的发展，还需要做进一步努力，我国的会计电算化在不久的将来一定会取得更优异的成绩，向着越来越信息化的方向前进。

根据这几年我国会计电算化的发展情况和国外会计电算化的情况来看，我国会计电算化有如下几个发展趋势：第一，会计电算化的普及程度在几年之内会有很大提高；第二，会计电算化管理将更加规范化；第三，DOS 平台会计软件将向 Windows 平台会计软件发展；第四，会计软件将由核算型向管理型、决策支持型、分析型转变；第五，会计软件将由小规模软件向大规模软件发展；第六，由单纯的会计核算软件向综合业务处理的会计软件发展；第七，会计软件将向以会计电算化为中心的企业管理软件发展；第八，会计软件将向MRP Ⅱ 和 ERP 系统发展。

第二章 会计电算化的工作环境

会计电算化的工作环境主要包括计算机软件、计算机硬件、计算机网络的基础认知、计算机安全的认知研究四个部分。

第一节 计算机软件的角色认知

一、软件的类型

计算机软件是指在计算机硬件上运行的各种程序和相应的文档资料。相对于计算机硬件而言，软件是计算机的无形部分，为计算机有效运行和完成特定信息处理任务提供全过程的服务。软件是用户与硬件之间的接口界面，用户主要通过软件与计算机进行交流。以日常生活中的看电视为例，电视机相当于硬件，而电视信号相当于软件。计算机软件可分为两大类：一类是系统软件，另一类是应用软件。

（一）系统软件

系统软件是用来控制计算机运行，管理计算机的各种资源，并为应用软件提供支持和服务的一类软件。系统软件是计算机系统必备的软件，通常包括操作系统、数据库管理系统、支撑软件和语言处理程序等。

1. 操作系统（OS）

操作系统是指计算机系统中负责支撑应用程序的运行环境及用户操作环境的系统软件，具有对硬件直接监管、管理各种计算机资源及提供面向应用程序的服务等功能。操作系统是系统软件的核心，是最基本、最重要的系统软件。常用的微型计算机操作系统有Windows、Unix、Linux等。

2. 数据库管理系统（DBMS）

数据库是指按一定的方式组织起来的数据的集合，它具有数据冗余度小、可共享等特点。数据库管理系统是一种操作和管理数据库的大型软件，是用户与数据库之间的接口。

目前常用的数据库管理系统如下：

（1）适合网络环境的大型数据库管理系统：Oracle（甲骨文公司）、Sybase（赛贝斯公司）、Informix（IBM公司）、SQL Server（微软公司）。

（2）单机数据库管理系统：Visual FoxPro（微软公司）、Access（微软公司）等。

数据库系统主要由数据库、数据库管理系统组成，此外还包括应用程序、硬件和用户。会计软件是基于数据库系统的应用软件。

3. 支撑软件

支撑软件是指为配合应用软件有效运行而使用的工具软件，它是软件系统的一个重要组成部分。

4. 语言处理程序

计算机软件一般通过计算机程序设计语言编写，会计核算软件也是应用相应的计算机程序设计语言编写出来的。不同程序设计语言编写的源程序，计算机无法直接执行，必须经过翻译才能被计算机接受。语言处理程序就是将各种程序设计语言所编写的程序"翻译"成计算机的机器语言，从而被计算机执行的一种程序，这样的程序包括汇编程序、编译程序和解释程序等，其任务是将用汇编语言或高级语言编写的程序，翻译成计算机硬件能够直接识别和执行的机器指令代码。

编译程序是将源程序整个编译成目标程序，然后通过连接程序将目标程序连接成可执行程序。目标程序可以脱离其语言环境独立执行，使用比较方便，效率较高。

解释程序是逐句翻译源程序，翻译一句执行一句，边翻译边执行，不产生目标程序。其执行方式类似于日常生活中的"同声翻译"，应用程序源代码一边由相应的解释器"翻译"成目标代码，一边执行，因此效率比较低。应用程序也不能脱离其解释器。但这种方式比较灵活，可以动态的调整、修改应用程序。

（二）应用软件

应用软件是为解决各类实际问题而专门设计的软件。会计软件属于应用软件。企业管理软件、各种用途的应用软件包也属于应用软件。通常应用软件大致可分为文字处理、表格处理、图形（图像）处理、网络通信、演示或统计等。

1. 文字处理软件

文字处理软件用于文字输入、存储、修改、编辑和多种字体、字形输出等。文字处理软件是为了使人们能够方便地使用计算机进行文字处理工作而编制的软件。文字处理软件一般应具有以下功能：

（1）根据所用纸张尺寸，安排每页行数和每行字数，并能调整左、右页边空白。

（2）自动编排页号。

（3）规定文本行间距离。

（4）编辑文件。

（5）打印文本前，在屏幕上显示文本最后布局格式。

（6）从磁盘文件或数据库中调入一些标准段落，插入正在编辑的文本。

常用的文字处理软件包括 WPS、四通利方和 Word 等。

2. 表格处理软件

表格处理软件，又称为电子表格（数据处理）软件，可根据用户的不同需求，自动生成各种表格，管理、组织和处理多种数据，打印各类表格，分析各种各样的数据，把结果用各种统计图形表现出来，完成各种财务报表的制作、检索表格数据等。目前常用的表格处理软件有 Lotus 1-2-3 和 Excel。

3. 图形图像软件

从应用的角度来看，图形图像软件大致可分为两大类：一类是彩色图像处理软件，另一类是绘图软件。目前广泛应用的计算机绘图软件，如 AutoCAD，Adobe 公司推出的专门用作平面图像处理的应用软件 Photoshop 等。

4. 网络通信软件

网络通信软件可以分为两大类：一类是用于实现网络底层各种通信协议的通信软件或

协议转换软件,它们属于系统软件性质,一般都包含在网络操作系统之内,由操作系统提供;另一类则是用于实现各种网络应用的软件,如电子邮件（E-mail）、网络文件传输（FTP）、网络浏览器等。

5. 演示软件

演示软件常用于演讲报告、教学、产品发布、展览会演示等场合下的文字、图形、表格,甚至声音、动画等各类材料的制作。所制成的材料具有丰富的色彩及各种控制播放手段,也可以制作成简单的动画和各类教学片。

6. 统计软件

统计软件是以统计的方法处理数值数据的软件,包括收集、汇总、分析与解释各类可变化的数值数据。统计软件有着相当广泛的应用领域,包括生命科学、经济、人口统计以及与社会发展和经济发展密切相关的诸多方面。

二、安装会计软件的前期准备

在安装会计软件前,技术支持人员必须首先确保计算机的操作系统符合会计软件的运行要求。

在检查并设置完操作系统后,技术支持人员需要安装数据库管理系统。

会计软件的正常运行需要某些支撑软件的辅助。因此,在设置完操作系统并安装完数据库管理系统后,技术支持人员应该安装计算机缺少的支撑软件。

在确保计算机操作系统满足会计软件的运行要求,并安装完毕数据库管理软件和支撑软件后,技术支持人员方可开始安装会计软件,同时应考虑会计软件与数据库系统的兼容性。

第二节　计算机硬件的角色认知

计算机系统由硬件系统和软件系统组成。硬件依靠软件来协调工作,只有硬件、没有安装软件的计算机通常称为"裸机",计算机系统组成如图 2-1 所示。

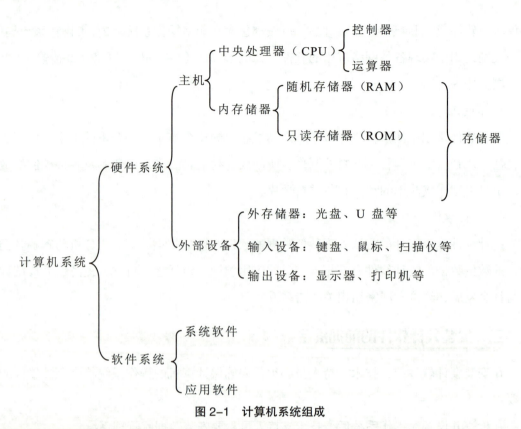

图 2-1　计算机系统组成

一、硬件设备

会计软件的硬件设备一般包括输入设备、处理设备、存储设备、输出设备和通信设备（网络电缆等）。这五大部分相互配合，协同工作。其工作原理为：输入设备接受外界信息，处理设备发出存数、取数和运算命令，并把计算结果存放在存储器内，从输出设备输出计算结果。

（一）输入设备

计算机常见的输入设备有键盘、鼠标、扫描仪、二维码识读设备、POS 机、芯片读卡器、语音输入设备、手写输入设备等。

1. 键盘

键盘是微型计算机不可缺少的输入设备之一。各种数据、命令及指令都可以通过键盘输入到微型计算机系统中。键盘分为四个键区：主键盘区、功能键区、编辑控制键区和数字键区。

（1）主键盘区。主键盘区在整个键盘的中心位置，其布局同英文打字键盘类似，包括 26 个字母（A-Z）、数字（0-9）和控制键，主要用于文字输入。另外，许多控制键具有特殊功能，如表 2-1 所示。

表 2-1 各种控制键的功能

控制键	功能
Enter（回车键或换行键）	用于结束当前行的输入，开始下一行，或者确认当前输入或选择的内容
Backspace（退格键）	按该键一次，删除当前光标左边一个字符
Tab（制表键）	按该键一次，光标向右跳 8 个字符
Caps Lock（大、小写字母锁定键）	用于改变字母的大小写状态，其状态由键盘右上角的 Caps Lock 指示灯标示。若指示灯亮，表明处于大写状态，所有输入的字母为大写，否则为小写
Shift（上档键或转换键）	主键盘区的部分按键有上下两个字符，按住 Shift 键再按这些键，则可以输入上方的字符，否则输入下方的字符；若按住 Shift 键再按主键盘区的字母键，可输入大写字母
Ctrl 和 Alt	通常不单独使用，要与其他配合使用才能发生作用

（2）功能键区。功能键区在主键盘区的上方，包括 F1—F12 和 Esc 键。功能由操作系统或所使用的软件定义。

（3）编辑控制键区。编辑控制键区在主键盘区的右侧，上方是编辑区，主要有删除键、屏幕翻页键等；下方是光标控制区，主要用于光标上下左右的移动。

（4）数字键区。数字键区亦称小键盘区，在编辑控制键区的右侧，主要用输入数字。若键盘上方的 Num Lock 指示灯亮，表示当前为数输入状态；否则为光标控制状态。可以通过左上角的 Num Lock 键转换。

2．鼠标

鼠标是计算机必不可少的输入设备之一。鼠标外观简单，两个按键、一个滚轮组成。按照定位原理的不同，可划分为机械式和光电式。机械式鼠标底部是一个滚球；光电式鼠标底部是一个光电探测器。按照接口类型的不同，可划分为无线和有线两种。无线鼠标主要是采用无线技术与计算机通信；有线鼠标一般有 PS2 和 USB 两种。目前，普遍使用的是带有 USB 接口的光电滚轮鼠标。

3．扫描仪

扫描仪是一种计算机外部仪器设备，通过捕获图像并将之转换成计算机可以显示、编辑、存储和输出的数字化输入设备。

（二）处理设备

处理设备主要是指计算机主机。中央处理器（CPU）是计算机的核心部件，其主要功

能是按照程序给出的指令序列，分析执行指令。中央处理器主要由控制器和运算器组成。

1. 运算器

运算器又称算术逻辑单元（ALU），是指在控制器控制下完成加减乘除运算和逻辑判断的计算机部件。在计算过程中，运算器不断从存储器中获取数据，经计算后将结果再返回存储器。

2. 控制器

控制器是整个计算机的指挥中心，负责从存储器中取出指令，并对指令进行译码，根据指令的要求，按时间的先后顺序，负责向其他各部件发出控制信号，保证各部件协调一致地工作，逐步完成各种操作。

（三）存储设备

1. 内存储器

内存储器即内存，一般存放急需处理的数据和正在执行的程序，分为随机存储器 RAM（Random Access Memory）和只读存储器 ROM（Read Only Memory），内存一般存储容量较小，但数据存取速度较快。断电后，RAM 的数据将消失，ROM 的数据不会丢失。

2. 外存储器

外存储器一般存储容量较大，但数据存取速度较慢。常见的外存储器有硬盘、U 盘、光盘等。会计软件中的各种数据一般存储在外存储器中。

外存储器只能与内存交换信息，当 CPU 需要访问外存储器的数据时，应先将数据读入内存，然后再从内存中访问该数据；当 CPU 需要输出数据时，也应先将数据写入内存，然后再由内存写入外存储器。

（四）输出设备

计算机常见的输出设备有显示器、打印机。在会计软件中，显示器既可以显示用户在系统中输入的各种命令和信息，也可以显示系统生成的各种会计数据和文件；打印机一般用于打印输出各类凭证、账簿、财务报表等各种会计资料。

1. 显示器

显示器是用于显示计算机输入输出信息的屏幕设备，计算机的显示系统由显示器和显卡两部分组成。其中显示器是图形的输出设备，而显卡是连接显示器和主机的设备，起到处理图形数据和加速图形显示的作用。

2. 打印机

打印机是从计算机获得硬拷贝的输出设备，它可以将计算机的信息打印到纸张或其他特殊介质上，以供阅读和保存。

（五）通信设备

通信设备包括有线通信设备和无线通信设备。

目前常用的有线通信设备有：电脑、电视、电话、交换机、路由等。无线通信设备有卫星、无线电台、无线电视（公交车或地铁上）、无线局域网、移动电话（手机）、手机 GPRS 上网等。

二、硬件结构

硬件结构是指硬件设备的不同组合方式。电算化会计信息系统中常见的硬件结构通常有单机结构、多机松散结构、多用户结构和微机局域网络四种形式。

（一）单机结构

单机结构属于单用户工作方式，一台微机同一时刻只能一人使用。在单机结构中，整个系统中配置一台计算机和相应的外部设备，所使用的计算机一般为微型计算机。

单机结构的优点在于使用简单、配置成本低，数据共享程度高，一致性好；其缺点在于集中输入速度低，不能同时允许多个成员进行操作，并且不能进行分布式处理，主要适用于数据输入量小的企业。

（二）多机松散结构

多机松散结构是指有多台微机，但每台微机都有相应的输入输出设备，每台微机仍属单机结构，各台微机不发生直接的数据联系（通过磁盘、光盘、U 盘、移动硬盘等传送数据）。在多机松散结构中，数据输入、处理和输出分别在不同计算机上完成，缓解了输入输出瓶颈的问题，提高了系统的可靠性和处理效率。

多机松散结构的优点在于输入输出集中程度高、速度快；其缺点在于数据共享性能差、系统整体效率低，主要适用于输入量较大的企业。

（三）多用户结构

多用户结构又称为联机结构，整个系统配备一台计算机主机（通常是中型机，目前也有较高档的微机）和多个终端（终端由显示器和键盘组成）。主机与终端的距离较近（0.1 千米左右），并为各终端提供虚拟内存，各终端可同时输入数据。

多用户结构的优点在于会计数据可以通过各终端分散输入，并集中存储和处理；其缺点在于费用较高，应用软件较少，主机负载过大，容易形成拥塞，主要适用于输入量大的企业。

（四）微机局域网络

微机局域网络（又称为网络结构），是由一台服务器（通常是高档微机）将许多中低档微机连接在一起（由网络接口卡、通信电缆连接），相互通讯、共享资源，组成一个功能更强的计算机网络系统。

微机局域网络通常分为客户机／服务器结构和浏览器／服务器结构两种结构，主要适用于大中型企业。

1. 客户机／服务器（C/S）结构

客户机／服务器结构模式下，服务器配备大容量存储器并安装数据库管理系统，负责会计数据的定义、存取、备份和恢复，客户端安装专用的会计软件，负责会计数据的输入、运算和输出。

客户机／服务器结构的优点在于技术成熟、响应速度快、适合处理大量数据；其缺点在于系统客户端软件安装维护的工作量大，且数据库的使用一般仅限于局域网的范围内。

2. 浏览器／服务器（BIS）结构

浏览器／服务器结构模式下，服务器是实现会计软件功能的核心部分，客户机上只需安装一个浏览器，用户通过浏览器向分布在网络上的服务器发出请求，服务器对浏览器的请求进行处理，将用户所需信息返回到浏览器。

浏览器／服务器结构的优点在于维护和升级方式简单，运行成本低，与客户机／服务器结构相比，其最大的优点是部署和维护方便、易于扩展；其缺点是应用服务器运行数据的负荷较重。

第三节　计算机网络的基础构架

一、计算机网络基本知识

（一）计算机网络的概念与功能

计算机网络是现代计算机技术与通信技术相结合的产物，是以硬件资源、软件资源和信息资源共享，以及信息传递为目的，在统一的网络协议控制下，将地理位置分散的许多独立的计算机系统连接在一起所形成的网络。

计算机网络的功能主要体现在资源共享、数据通信、分布处理三个方面。

1. 资源共享

在计算机网络中，各种资源可以相互通用，用户可以共同使用网络中的软件、硬件和数据。

2．数据通信

计算机网络可以实现各计算机之间的数据传送，可以根据需要对这些数据进行集中与分散管理。数据通信主要包括数据交换、信息检索、消息发布、邮件传送等，可以实现网络会议、电子邮件等功能。

3．分布处理

当计算机中的某个计算机系统负荷过重时，可以将其处理的任务传送到网络中较空闲的其他计算机系统中，以提高整个系统的利用率。对大型综合性问题，可将问题分别交给不同的计算机分头处理，充分利用网络资源，扩大计算机的处理能力，即增强实用性。对解决复杂问题来讲，多台计算机联合使用构成高性能的计算机体系，这种协同工作、并行处理要比单独购置高性能的大型计算机便宜得多。

（二）计算机网络的分类

按照覆盖的地理范围进行分类，计算机网络可以分为局域网、城域网和广域网三类。

1．局域网（LAN）

局域网是一种在小区域内使用的，由多台计算机组成的网络，其覆盖范围通常局限在 10 千米范围之内，属于一个单位或部门组建的小范围网。局域网组网方便，使用灵活，一般具有较高的传输速率，是目前计算机网络发展中最活跃的分支。

2．城域网（MAN）

城域网是作用范围在广域网与局域网之间的网络，其覆盖范围通常可以延伸到整个城市。借助通信光纤将多个局域网联通公用城市网络形成大型网络，不仅使局域网内的资源可以共享，而且局域网之间的资源也可以共享。城域网与局域网相比扩展的距离更长，可以是 10 千米至 100 千米，连接的计算机数量更多，在地理范围上可以说是局域网的延伸。

3．广域网（WAN）

广域网是一种远程网，涉及长距离的通信，其覆盖范围可以是一个国家或多个国家，甚至整个世界，地理距离一般可从几百千米到几千千米。由于距离较远，所以信息衰减非常严重，这种网络一般要租用专线，通过接口信息处理协议和线路连接起来，构成网状结构，解决寻径问题。广域网的规模大，能实现较大范围内的资源共享和信息传递。广域网速度不如局域网快，且延迟长，因特网（Internet）可以视为目前世界上最大的广域网。

二、会计信息网络的组成部分

（一）服务器

服务器，也称伺服器，是网络环境中的高性能计算机，它侦听网络上的其他计算机（客

户机）提交的服务请求，并提供相应的服务，控制客户端计算机对网络资源的访问，并能存储、处理网络上大部分的会计数据和信息，为此服务器必须具有承担服务并且保障服务的能力。服务器的性能必须适应会计软件的运行要求，其硬件配置一般高于普通客户机。服务器是网站的灵魂，是打开网站的必要载体，没有服务器的网站，用户无法浏览。

（二）客户机

客户机又称为用户工作站，是用户与网络打交道的设备，是连接到服务器的计算机。客户机一般由微机担任，每一个客户机都运行在它自己的并为服务器所认可的操作系统环境中，能够享受服务器提供的各种资源和服务。会计人员通过客户机使用会计软件，因此客户机的性能也必须适应会计软件的运行要求。

客户机是一个需要某些服务的程序，而服务器则是提供某些服务的程序。一个客户机可以向许多不同的服务器提出请求，一个服务器也可以向多个不同的客户机提供服务。

（三）网络连接设备

网络连接设备是把网络中的通信线路连接起来的各种设备的总称，这些设备包括中继器、交换机和路由器等。

中继器是连接网络线路的一种装置，常用于两个网络节点之间物理信号的双向转发工作。它是最简单的网络互联设备，主要完成物理层的功能，负责在两个节点的物理层上按位传递信息，完成信号的复制、调整和放大功能，以此来延长网络的长度。

交换机是一种用于电信号转发的网络设备。它可以为接入交换机的任意两个网络节点提供独享的电信号通路。

路由器是连接因特网中各局域网、广域网的设备，它会根据信道的情况自动选择和设定路由，以最佳路径，按前后顺序发送信号。路由器是互联网络的枢纽、"交通警察"，具有判断网络地址和选择 IP 路径的功能。它能在多网络互联环境中，建立灵活的连接，可用完全不同的数据分组和介质访问方法连接各种子网，路由器只接受源站或其他路由器的信息。

第四节　计算机安全的认知研究

一、计算机病毒的防范

计算机病毒是指编制者在计算机程序中插入的破坏计算机功能或数据，影响计算机使用并且能够自我复制的一组计算机指令或程序代码。它隐藏在计算机系统的数据资源和程序中，借助系统运行和共享资源进行生存、繁殖和传播，扰乱计算机系统的正常运行，篡改或破坏系统和用户数据资源及程序。由于这种活动方式与生物医学上的病毒相似，都具有传染、破坏和繁殖的特性，故称为计算机病毒。

（一）计算机病毒的特点

1. 寄生性

计算机病毒可以寄生在正常的程序中，跟随正常程序一起运行。当执行这个程序时，病毒就起破坏作用，而在未启动这个程序之前，它是不易被人发觉的。病毒程序入侵到其他程序中，一般会对其他程序进行一定的修改，其他程序一旦执行，病毒程序就会被激活，从而可以进行自我复制和繁衍。

2. 传染性

计算机病毒的传染性是指病毒具有自身复制到其他程序中的特性。正常的计算机程序一般是不会将自身的代码强行连接到其他程序上的。而病毒却能使自身的代码强行传染到一切符合其传染条件的未受到传染的程序之上。计算机病毒程序代码一旦进入计算机并得以执行，它会搜寻其他符合其传染条件的程序或存储介质，确定目标后再将其自身代码插入其中，达到自我繁殖的目的。计算机病毒可通过各种可能的途径进行传播，如软盘、计算机网络等。

3. 潜伏性

计算机病毒在侵入正常的计算机系统后，一般不立即发作，而是具有一定的潜伏期，然后在某一时间集中大规模爆发。在潜伏期间，病毒程序只要有条件就会不断地进行自我复制、繁衍和传染。

4. 隐蔽性

计算机病毒一般都是很小的程序，有的隐藏在操作系统的引导区内；有的隐藏在可执行文件和用户的数据文件及其他介质中；也有个别的以隐含文件形式出现，目的是不让用户发现它的存在。如果不经过代码分析，病毒程序与正常程序不容易区分出来。一般病毒感染后，计算机系统仍能正常运行，用户不会感到任何异常。正是由于隐蔽性，计算机病毒得以在用户没有察觉的情况下进行繁殖和扩散。

5. 破坏性

凡用软件手段能触及的计算机资源均可能受到计算机病毒的破坏，该功能是由破坏模块实现的。计算机病毒的破坏性主要表现在：破坏电脑，造成电脑运行速度变慢、死机、

蓝屏等；破坏系统的配置，对计算机系统内正常的数据、文件进行增、删、改；造成计算机系统局部功能的残缺，甚至使整个系统瘫痪，干扰程序的正常运行，非法占用系统资源，如占用 CPU、时间和内存空间等。个别恶性病毒甚至能损坏硬件设备。

6. 可触发性

因某个事件或特定的数据出现，诱使计算机病毒实施感染或进行攻击的特性称为可触发性。这些触发条件是病毒设计者预先设计的，如日期、时间、某些特定的数据或文件运行的次数等。病毒运行时，触发机制检查预定条件是否满足，如果满足，启动感染或破坏动作，病毒将进行感染或攻击；如果不满足，病毒继续潜伏。

（二）计算机病毒的类型

1. 按计算机病毒的破坏能力分类

计算机病毒按破坏能力不同可分为良性病毒和恶性病毒。

（1）良性病毒。良性病毒是指其不包含立即对计算机系统产生直接破坏作用的代码。这类病毒为了表现其存在，只是不停地进行扩散，不破坏系统数据，不会使系统瘫痪。良性病毒取得系统控制权后，会导致整个系统运行效率降低，占有系统 CPU 资源，系统可用内存空间减少，使某些应用程序不能运行。它还与操作系统和应用程序争抢 CPU 的控制权，时时导致整个系统死锁，给正常操作带来麻烦。有时系统内还会出现几种病毒交叉感染的现象，一个文件不停地反复被几种病毒所感染。例如原来只有 10KB 的文件变成约 90KB，就是被几种病毒反复感染了数十次。这不仅消耗掉大量宝贵的磁盘存储空间，而且整个计算机系统也由于多种病毒寄生于其中而无法正常工作。因此也不能轻视所谓良性病毒对计算机系统造成的损害。

（2）恶性病毒。恶性病毒就是指在其代码中包含损伤和破坏计算机系统的操作，在其传染或发作时会对系统产生直接的破坏作用，包括删除文件、破坏盗取数据、格式化硬盘、使系统瘫痪等。例如米开朗基罗病毒，当米氏病毒发作时，硬盘的前十七个扇区将被彻底破坏，使整个硬盘上的数据无法被恢复，造成的损失是无法挽回的。有的病毒还会对硬盘做格式化等破坏。这些操作代码都是刻意写进病毒的，这是其特性之一。因此恶性病毒是很危险的，应当注意防范。

2. 按计算机病毒存在的方式分类

计算机病毒按存在的方式不同可分为引导型病毒、文件型病毒和网络病毒。

（1）引导型病毒。引导型病毒是指寄生在磁盘引导区或主引导的计算机病毒。此种病毒在计算机系统启动引导过程中侵入系统，驻留内存，监视系统运行，伺机传染和破坏。

按照引导区病毒在硬盘上的寄生位置又可细分为主引导记录病毒和分区引导记录病毒。主引导记录病毒感染硬盘的主引导区，如大麻病毒；分区引导记录病毒感染硬盘的活动分区引导记录，如小球病毒。

（2）文件型病毒。文件型病毒是指能够寄生在文件中的计算机病毒。这类病毒运作在计算机存储器里，在符合其感染条件的文件被调用执行时，把自身复制到文件中，并在存储器中长期保存，在满足破坏条件时发作。文件型病毒一般寄生并感染各类可执行文件，如扩展名为".com"".exe"的文件，也可寄生于执行程序启动时引用的文件，如".drv""bin"".sys"等文件。

（3）网络病毒。网络病毒是指通过计算机网络传播感染网络中的可执行文件的病毒。它主要通过网络服务器的访问、电子邮件的收发、FTP文件的交换、磁盘文件的共享与交换等形式进行传播。

（三）导致病毒感染的人为因素

1．不规范的网络操作

不规范的网络操作可能导致计算机感染病毒。其主要途径包括浏览不安全网页、下载被病毒感染的文件或软件，接收被病毒感染的电子邮件、使用即时通讯工具等。

2．使用被病毒感染的磁盘

使用来历不明的硬盘和U盘，容易使计算机感染病毒。

（四）感染计算机病毒的主要症状

当计算机感染病毒时，系统会表现出一些异常症状，主要有：①系统启动时间比平时长，运行速度减慢；②系统经常无故发生死机现象；③系统异常重新启动；④计算机存储系统的存储容量异常减少，磁盘访问时间比平时长；⑤系统不识别硬盘；⑥文件的日期、时间、属性、大小等发生变化；⑦打印机等一些外部设备工作异常，如打印机速度变慢、打印出异常字符、打印机不能正常连接等；⑧程序或数据丢失或文件损坏；⑨系统的蜂鸣器出现异常响声；⑩其他异常现象。

（五）防范计算机病毒的措施

阻止病毒的侵入比病毒侵入后再去发现排除更为重要，防范计算机病毒的最有效方法是切断病毒的传播途径。防范计算机病毒的措施主要有：①规范使用U盘的操作。在使用外来U盘时应该首先用杀毒软件检查是否有病毒，确认无病毒后再使用；②使用正版软件，杜绝购买盗版软件；③谨慎下载与接收网络上的文件和电子邮件；④经常升级杀毒软件；⑤在计算机上安装防火墙；⑥经常检查系统内存；⑦计算机系统要专机专用，避免使用其他软件。

（六）计算机病毒的检测与清除

在计算机的日常使用过程中，要采用多种方式定期对计算机病毒进行查杀，以防计算机和数据受到破坏。最常用的方法是采用防病毒软件进行病毒的判定、检测和清除。

1．计算机病毒的检测

计算机病毒的检测方法通常有两种：人工检测和自动检测。

（1）人工检测。人工检测是指通过一些软件工具进行病毒检测。这种方法操作难度大，技术复杂，需要检测者有一定的软件分析经验及熟悉机器指令和操作系统，因而不易普及。

它的基本过程是利用一些工具软件，对易遭病毒攻击、修改的内存和磁盘的有关部分进行检查，通过与正常情况下的状态进行对比分析，来判断是否被病毒感染。这种方法检测病毒，费时费力，但可以剖析新病毒，检测识别未知病毒。

（2）自动检测。自动检测是指通过一些诊断软件来判断一个系统或一个软件是否有计算机病毒。自动检测比较简单，一般用户都可以进行。

这种方法可方便检测大量的病毒，但自动检测工具只能识别已知病毒，而计算机病毒的种类较多，程序复杂，再加上不断地出现病毒的变种，所以自动检测方法不可能检测所有未知的病毒。在出现一种新型病毒时，如果现有的各种检测工具无法检测此种病毒，那么只能用人工检测方法进行病毒的检测。

2．计算机病毒的清除

对于一般用户而言，清除病毒一般使用杀毒软件进行。杀毒软件可以同时清除多种病毒，并且对计算机中的数据没有影响。

计算机病毒程序是不断更新和发展的，相应的杀毒软件也必须不断更新。使用的防毒、杀毒软件，应及时更新版本，以应对新出现或升级的病毒。

二、计算机黑客的防范

计算机黑客是指通过计算机网络非法进入他人系统的计算机入侵者。他们对计算机技术和网络技术非常精通，能够了解系统的漏洞及其原因所在，通过非法闯入计算机网络来窃取机密信息，毁坏某个信息系统。

黑客使用黑客程序入侵网络，黑客程序是一种专门用于进行黑客攻击的应用程序，它一般包括服务器程序和客户机两部分。服务器程序是一个间谍程序，客户机则是黑客实施攻击的控制台。黑客先要以发送电子邮件、提供免费软件等手段，将服务器程序安装到用户计算机中，在实施黑客攻击时，客户机与远程已安装好的服务器程序里应外合，最终达到攻击目的。

（一）黑客常用手段

1. 密码破解

黑客通常采用的攻击方式有字典攻击、假登录程序、密码探测程序等，主要目的是获取系统或用户的口令文件。

2. IP 嗅探与欺骗

IP 嗅探是一种被动式攻击，又叫网络监听。它通过改变网卡的操作模式来接收流经计算机的所有信息包，以便截取其他计算机的数据报文或口令。

欺骗是一种主动式攻击，它将网络上的某台计算机伪装成另一台不同的主机，目的是使网络中的其他计算机误将冒名顶替者当成原始的计算机而向其发送数据。

3. 攻击系统漏洞

系统漏洞是指程序在设计、实现和操作上存在的错误。黑客利用这些漏洞攻击网络中的目标计算机。

4. 端口扫描

由于计算机与外界通信必须通过某个端口才能进行。黑客可以利用一些端口扫描软件对被攻击的目标计算机进行端口扫描，搜索到计算机的开放端口并进行攻击。

（二）防范黑客的措施

1. 制定相关法律法规加以约束

随着网络技术的形成和发展，有关网络信息安全的法律法规相继诞生，并有效规范和约束与网络信息传递相关的各种行为。

2. 数据加密

数据加密的目的是保护系统内的数据、文件、口令和控制信息，同时也可以提高网上传输数据的可靠性。

3. 身份认证

系统可以通过密码或特征信息等来确认用户身份的真实性，只对确认了身份的用户给予相应的访问权限，从而降低黑客攻击的可能性。

4. 建立完善的访问控制策略

系统应该设置进入网络的访问权限、目录安全等级控制、网络端口和节点的安全控制、防火墙的安全控制等。通过各种安全控制机制的相互配合，才能最大限度地保护计算机系统免受黑客的攻击。

此外，应当建立防黑客扫描和检测系统，一旦检测到被黑客攻击，迅速做出应对措施，在安全漏洞尚未被黑客发现并利用之前堵死漏洞，是最为方面快捷、安全经济的方法。如用户使用 Windows 操作系统时，需注意及时打好微软公司发布的安全补丁。

三、安全使用会计软件的基本要求

常见的非规范化操作包括密码与权限管理不当、会计档案保存不当、未按照正常操作规范运行软件等。这些操作可能威胁会计软件的安全运行。

（一）严格管理账号使用权限

在使用会计软件时，用户应该对账号使用权限进行严格管理，防止数据外泄；用户不能随便让他人使用电脑；在离开电脑时，必须立即退出会计软件，以防止他人偷窥系统数据。

（二）定期打印备份重要的账簿和报表数据

为防止硬盘上的会计数据遭到意外或被人为破坏，用户需要定期将硬盘数据备份到其他磁性介质上（如 U 盘、光盘等）。在月末结账后，对本月重要的账簿和报表数据还应该打印备份。

（三）严格管理软件版本升级

对会计软件进行升级的原因主要有：因改错而升级版本；因功能改进和扩充而升级版本；因运行平台升级而升级版本。经过对比审核，如果新版软件更能满足实际需要，企业应该对其进行升级。

第三章　会计电算化工作的准备

　　在会计电算化工作的准备工作中，企业财务部门一定要注意到两者兼顾的问题。现在市场上的会计核算软件基本停留在模仿手工处理阶段，只是由于采用了先进的软件，处理范围与手工条件相比要广得多，可能涉及采购、生产、销售、人事、管理等多个环节，因此领导重视和支持将起到极大的作用。领导重视和支持有利于各部门之间的协调统一，一方面协调计算机人员和财务人员的关系，另一方面协调财务部门和其他部门的业务流程。从手算到电算，对一个企业的管理模式可能会产生非常深刻的变化，这些变化往往又局限在企业的生产、业务流程上，调整结构，适应变化要依赖于领导的重视和支持。

第一节　建立会计电算化的组织机构

　　在我国会计电算化工作的实践中，各单位应根据自身工作特点和实际要求，合理设置会计部门的组织机构及工作内容，负责和承担本单位会计电算化的具体组织和实施工作。

目前，会计电算化的组织机构主要有以下两种形式：会计部门内部设置电算化小组和企业信息化领导小组统一管理。

一、会计部门内部设置电算化小组

这种组织机构的设置是目前我国单位会计电算化采用的最普遍的形式，如图 3-1 所示。

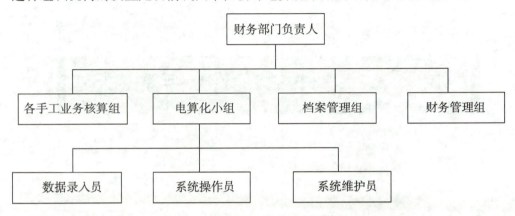

图 3-1　会计部门内部的电算化小组

这种组织机构的特点是会计部门内部设立电算化小组，与各手工业务核算小组一起接受会计部门负责人的领导；会计部门单独配备计算机硬件设备和机房设施，并配备有关人员，如数据录入员、系统操作员和系统维护员等；会计部门负责计划、组织电算化会计信息系统的开发或商品化财务软件的选购、系统的使用和维护等工作。这种单位一般以会计电算化为主，其他方面的业务核算基本为手工处理。

这种组织机构的优点是能调动会计部门人员实现会计工作电算化的积极性；能较好地协调原有会计人员，适应性强；能根据会计部门的需求确立开发步骤和项目，开发的软件实用性强，能根据单位业务特点选择适用的商品化软件，投资少，见效快。缺点是计算机的利用率低，不利于满足单位的总体信息需求，不利于协调会计部门与其他部门之间的关系。这种组织机构一般适用于电算化程度不高、采用微型计算机或小型局域网的中小企业单位。

二、企业信息化领导小组统一管理

这种组织机构称为集中管理下的分散组织机构，是实现企业单位管理信息系统现代化的一种形式，它的实现需要网络系统的支持，如图 3-2 所示。

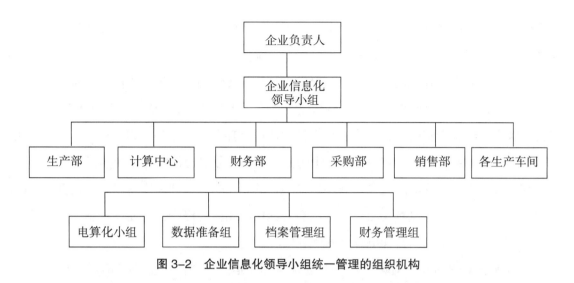

图 3-2　企业信息化领导小组统一管理的组织机构

这种组织机构的特点是：企业单位管理信息系统的总体规划、设备配备、软件选用及开发、系统使用过程中的软件和硬件的维护等由计算中心统一管理。会计部门应配备计算机网络终端，主要负责数据收集、整理、输入及系统运行，在企业信息化领导小组领导下，按照会计电算化工作规划进行分步开发工作。会计部门内部组织机构的设置取决于电算化的程度，如果会计核算工作基本上由计算机来处理，就不能按手工核算方式设置组织机构（如资金小组、材料小组等），而应设置电算化小组负责电算化会计系统的规划和开发，设置数据准备组负责电算化会计信息系统所需数据的组织、整理工作，设置数据处理组负责电算化会计信息系统的运行工作，设置财务管理组负责财务管理工作，设置档案管理组负责会计档案的保管工作，这些工作一般难以用计算机处理。

这种组织机构的优点是便于对企业单位管理信息系统进行统一规划、集中管理，避免重复开发，提高数据的共享程度。会计部门根据企业单位规划并结合财会工作特点和需要制定会计电算化规划，并且参与电算化会计信息系统的开发工作，有利于调动会计部门的积极性，增强系统的实用性。这种组织机构一般适用于具备网络系统的大中型企业和行政事业单位，特别是采用 ERP 对企业进行全面管理的大中型企业和行政事业单位。

第二节　会计电算化软件的选择

随着我国经济的快速发展，出现了各种各样的会计电算化软件。在会计软件的选择上，许多企业不能根据公司的实际情况对会计软件做出正确的选择，不是出现所选软件功能过

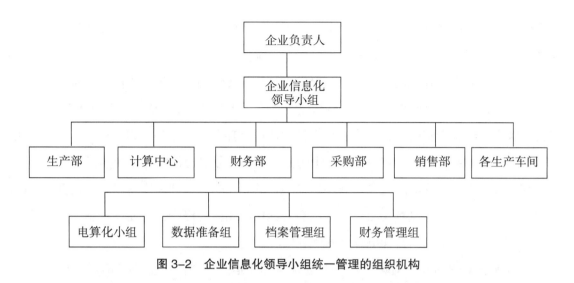

第三章　会计电算化工作的准备

于强大就是出现所选软件不能满足企业正常工作要求的问题，这不仅给企业的经济增加了额外的负担，还给企业会计的正常工作带来了影响。

缺少精通会计电算化的高级人才。会计电算化与传统的手工记账不同，它对会计人员的要求更高，要求会计从业人员不但要掌握相关的会计知识，还需掌握一定的计算机知识。但目前看来，经验丰富的会计人员在计算机的使用上都会存在一些困难，很难得心应手地用计算机来处理会计业务，在一定程度上阻碍了我国企业对会计电算化的推行。

在会计制度上出现滞后现象。我国目前实行的相关财务会计制度是以手工核算作为基础的，在企业使用会计电算化之后，并没有对其作出相应的修改，这使规章制度与实际情况脱轨，严重影响了我国会计电算化的顺利发展。

针对出现问题的改进对策：不符合会计电算化运行环境的企业应事前对会计工作作出相应的调整。会计电算化的运行环境对会计电算化的实行至关重要，决定了后期会计工作能否正常运行，因此，准备实行会计电算化的企业对会计电算化运行环境的了解十分有必要。

会计电算化运行的具体环境如下：会计科目的设置需符合会计的相关制度，会计数据的记录必须真实、准确、有效，数据之间保持一定的连续性，以确保会计电算化初始工作的顺利完成。

会计人员需要具备高素质、高技能，能在计算机上完成对会计工作的记录、分析；企业需要有规范的会计工作流程和严格的内部控制，防止贪污舞弊行为的出现。

正确选择会计电算化软件。在会计软件的选择上要结合企业的实际情况，做出正确的决定。

会计电算化是会计工作的发展方向，开展会计电算化是促进会计基础工作规范化、完善会计职能、以提高经济效益的重要手段和有效措施。核算软件是会计电算化的核心，随着商品化会计电算化软件的开发、推广和应用，目前我国会计核算电算化已基本形成规模。选择本企业适用的会计电算化软件是极为慎重和复杂的工程。

一、会计软件和服务

（一）会计软件

第一，会计软件应当保障企业按照国家统一会计准则制度开展会计核算，不得有违背国家统一会计准则制度的功能设计。

第二，会计软件的界面应当使用中文并且提供对中文处理的支持，可以同时提供外国或者少数民族文字界面对照和处理支持。

第三，会计软件应当提供符合国家统一会计准则制度的会计科目分类和编码功能。

第四，会计软件应当提供符合国家统一会计准则制度的会计凭证、账簿和报表的显示和打印功能。

第五，会计软件应当提供不可逆的记账功能，确保对同类已记账凭证的连续编号，不得提供对已记账凭证的删除和插入功能，不得提供对已记账凭证日期、金额、科目和操作人的修改功能。

第六，鼓励软件供应商在会计软件中集成可扩展商业报告语言（XBRL）功能，便于企业生成符合国家统一标准的 XBRL 财务报告。

第七，会计软件应当具有符合国家统一标准的数据接口。满足外部会计监督需要。

第八，会计软件应当具有会计资料归档功能，提供导出会计档案的接口，在会计档案存储格式、元数据采集、真实性与完整性保障方面，符合国家有关电子文件归档与电子档案管理的要求。

第九，会计软件应当记录生成用户操作日志，确保日志的安全、完整，提供按操作人员、操作时间和操作内容查询日志的功能，并能以简单易懂的形式输出。

（二）会计软件供应商服务

一是以远程访问、云计算等方式提供会计软件的供应商，应当在技术上保证客户会计资料的安全、完整；对于因供应商原因造成客户会计资料泄露、毁损的，客户可以要求供应商承担赔偿责任。

二是客户以远程访问、云计算等方式使用会计软件生成的电子会计资料归客户所有。软件供应商应当提供符合国家统一标准的数据接口供客户导出电子会计资料，不得以任何理由拒绝客户导出电子会计资料的请求。

三是以远程访问、云计算等方式提供会计软件的供应商，应当做好本厂商不能维持服务情况下，保障企业电子会计资料安全以及企业会计工作持续进行的预案，并在相关服务合同中与客户就该预案做出约定。

四是软件供应商应当努力提高会计软件相关服务质量，按照合同约定及时解决用户使用中的故障问题。会计软件存在影响客户按照国家统一会计准则制度进行会计核算问题的，软件供应商应当为用户免费提供更正程序。

五是鼓励软件供应商采用呼叫中心、在线客服等方式为用户提供实时技术支持。

六是软件供应商应当就如何通过会计软件开展会计监督工作，提供专门教程和相关资料。

二、我国会计电算化软件的发展趋势

（一）从简单的会计核算向智能的管理决策支持转变

目前，大多数企业仍处于会计核算电算化的初级阶段，多数会计电算化软件仍是以会计核算为主，且缺乏进行财务分析、提供决策支持功能。随着信息化系统的进一步发展，会计软件智能化已成为必然趋势。会计电算化软件的功能将由记账报账功能型转向管理决策支持智能型，以更大程度地提高经济效益。

（二）进一步向市场细分深化

通用型是电算化软件的优点但也是影响其进一步发展的主要因素。不同经济组织形式的企业主体存在，注定有着不同的会计核算特点。用一套软件使用于不同类型、不同规模的用户，其结果就是实行电算化会计的单位仍要会计人员做大部分辅助工作，由各种经济组织形式组成的集团公司，此不足更是明显。因此，要适应市场要求，提高企业的会计核算效率，在通用化的基础上，对于不同行业、规模等企业的具体核算特点对软件进行二次开发，做出与企业业务相符合的会计核算模块是十分必要的，也是有利于电算化软件市场的进一步发展。

（三）从单机操作向网络化及信息化转变

随着市场经济的发展和信息时代的来临，仅满足基础核算的单机系统，已成为制约企业信息化建设发展的"瓶颈"，网络消除了物理距离，可以实现企业的在线管理和集中管理，可以对子公司及二级核算单位的数据进行财务会计信息的深加工，注重信息的分析，为企业经营管理决策提供高效率和高质量的信息支持。同时，网络软件的远程业务处理如远程报表、查账、系统维护等功能，极大地降低软件的维护及企业经营成本，提高了企业的效率。

（四）由单一会计信息方式向多形式方式扩展

传统的会计信息输入输出枯燥单一、效率较低，且不能满足软件产品的高级功能。将来的会计信息输入输出方式除传统方式以外，还可以通过图片扫描、网上下载、条码、语音等多方式采集信息，信息输出可以在传统表格的基础上，还可以提供图像及音讯信息。例如：有些企业实行业务网上签批，这时就需要将领导需要审阅的纸制文件和单据，扫描并发到网上，供签批人查阅。

三、选择会计电算化软件的原则

（一）会计软件应通过财政部门评审

通过评审的软件是通过专家测试并符合财政部颁布的《会计核算软件基本功能规范》的软件，且财政部门对其今后服务有统一管理。

（二）考虑成本与效率的最佳切合点

根据企业规模和业务量的实际情况选择适合的会计软件，当前会计软件市场发展迅速，种类繁多，会计软件越来越趋向高级化。企业在选择会计软件时不应一味求大求全，"量身裁衣"，才是企业的明智之举。

小规模的企业可尽量利用单机版和教学版。小企业的机构简单、业务量和信息量比较小，在实际运用中，往往只使用现金收支、固定资产、工资、个别报表等几个固定的模块，即使软件功能再多再全，很多功能模块也用不上，既造成软件资源的浪费，又增加了企业的成本。一般来说，单机版的信息处理就能够满足日常的信息处理，即使稍显不足，在成本和效率的两者衡量中，笔者还是倾向选择单机版。有些软件提供教学版的服务，教学版虽然在部分功能上受限，但其主要的功能结构与正式版本基本相同，但费用低廉，甚至或免费使用。这对一些初期使用电算化的小企业也是一种不错的选择，以在使用过程对核算系统进行性能测试，并逐步提高会计人员软件操作水平，待条件成熟且业务应用需要时，进行软件的升级。

大型的集团公司往往有几个或几十个二级单位且各单位办公场所相距较远，业务类型复杂，业务信息量也比较大。这样的集团公司一般采用母公司实行二级核算，集团财务部为集团公司财务管理机关，每月由二级单位上报财务报表，由集团财务部汇总编制母公司会计报表。集团总部负责集团重大决策、制定财务政策、经营方针，子公司定期向集团上报财务报表，由集团编制合并会计报表。这版会计软件已难以胜任企业的会计核算要求，网络会计软件则成为企业的最佳选择。网络会计软件可以使不同人员、部门之间数据处理、加工相互合作、信息共享不再受到空间范围局限，可以方便地、低成本地集成企业现有的各类信息系统，实现信息的实时处理，充分利用各种经济信息，提高企业的管理水平。

（三）重视会计软件的附加价值

会计软件不同于一般的商品，其价值不仅体现在产品质量、价格上，其售后服务的范围更是比一般商品要广泛得多，主要包括：会计软件使用过程的前期的软件应用人员的培训、使用中的会计软件日常维护及后期的二次开发、相关技术支持和软件升级。会计软件的售后服务直接影响到应用人员的信心和会计电算化的应用效果及企业对软件的后期投入

费用，这就需要在选择会计软件时必须对软件制造与经销厂家的商誉与售后服务进行多方位考查。如：厂家有没有较强的培训水平；能否对软件使用过程中的问题及时指导与解决；软件维护人员是否充足；软件损坏时，能否得到及时的修理与更换；版本更新是否及时等。这就要求企业在选择会计软件时避开资源有限的开发商。通常，优秀的开发厂商应当具有较强的研发体系、广泛的专业销售网络、系统的培训服务网络，而那些不把软件销售作为主业的销售商常常倾向于承担较少的责任，从而降低了会计软件的附加值。

第三节　人员的工作岗位及其职责

在企事业单位的电算化会计机构中，为了充分调动会计人员的积极性，国家规定了会计人员的技术职称以及会计人员的职责和权限。这些规定对于电算化会计人员也完全适用。

一、数据准备员

数据准备员主要负责电算化后会计的手工工作部分，目的是为电算化会计系统准备好必要的数据，具体设有出纳员和会计凭证处理员。出纳员负责有关现金和银行存款的收支工作，但不再负责库存现金和银行存款日记账的记账工作。会计凭证处理员主要负责外来原始凭证的审核和本单位原始凭证的设计、汇集和审核。如果单位的电算化会计系统是以记账凭证为起点的，还需负责记账凭证的填制和审核工作，这些人员的工作权限划分要遵守内部牵制制度。

二、系统分析员

系统分析员根据用户的需要，通过对现有手工会计信息系统的接口界面、数据流程和数据结构等进行全面的分析，在可行性分析的基础上确定电算化会计系统的目标，提出系统的逻辑模型。系统分析是开发电算化会计信息系统的第一阶段，也是最重要的阶段，是下一步系统设计的主要依据。

会计信息系统是一个复杂的系统，它与企业其他管理信息子系统有着密切的联系，其内部业务处理过程也十分复杂，因此，要求系统分析员熟练掌握企业财会业务和企业管理知识，同时还需要掌握系统分析技术和方法，如系统调查、可行性研究、数据流程分析、数据结构分析以及逻辑模型的提出等。此外，由于逻辑模型是为系统设计提供依据的，系统分析员还必须掌握系统开发的一些其他知识和技术，如设计技术、编程、计算机硬件和软件基本知识等，以使设计的逻辑模型符合系统设计的要求。

三、系统设计员

系统设计员的主要职责是把系统逻辑模型转化成系统的物理模型，它告诉计算机"如何做"，即确定系统的硬件资源、软件资源、系统结构模块划分及功能、数据库设计等。对系统设计员来说，其所需知识主要为系统开发技术和计算机知识。同时，为了更好、更快地理解系统的逻辑模型，还要求系统设计员具有一定的财会业务知识和企业管理知识。由系统设计员提出的系统的物理模型是程序员编制应用程序的依据。

四、系统程序员

系统程序员的主要职责是以系统的物理模型为依据，编制程序并进行调试。

五、系统管理员

系统管理员是电算化会计系统运行管理的具体负责人，一般由具备条件的财务部门负责人担任。其主要职责是：保证电算化会计系统的正常运行，负责日常管理工作；对系统运行时发生的故障，要及时组织有关人员采取必要的措施恢复系统的正常运行；严格控制管理系统的各类使用人员的人数、操作权限等，并协调各类人员之间的工作关系；负责组织和监督系统运行环境的建立，以及系统建立时的各项初始化工作；负责系统软、硬件资源及文档资料的调用、修改和更新的审批；负责计算机输出的账表、凭证数据正确性和及时性的检查和审批。系统管理员可以调用系统的所有功能，具有很大的权限，因此不得由系统的开发人员担任，也不能兼管系统维护工作。

六、系统操作员

系统操作员是电算化会计系统运行中可以调用系统的全部或部分功能的人员。其主要职责是：严格按照系统操作说明进行日常运行的操作，包括数据的录入、汇总，数据的备份和输出账表的打印工作；负责各环境库的修改和更新操作；当系统发生故障时，应采取相应的处理措施，记录故障及处理结果，并及时报告系统管理员。系统操作员也不得由系统的开发人员担任，不得越权操作与自己无关的内容。

七、数据录入员

数据录入员的职责是：按数据准备人员及其他专职会计人员提供的数据进行录入；对

不完整、不合法和不规范的凭证应退还有关人员令其更正；录入后进行核对，确认无误后交数据审核员审核。

八、数据审核员

数据审核员的职责是审核系统输入和输出的数据，具体包括：对数据录入员输入系统的数据进行审核，以保证数据的正确、完整和合法;对系统输出的账表数据进行正确性审核。

九、系统维护员

系统维护员应对系统的安全、正常运行负责，其主要职责是：负责系统的安装和调试工作；定期检查软、硬件设备的运行工作，对系统发生的软、硬件故障进行排除，保证系统的正常运行；当会计工作和会计制度发生变化，或运行中发现软件错误时，可以按规定的程序进行软件的各种增、删、改等维护工作。由于系统维护员掌握软件的具体结构和源程序，所以不得兼任与系统的操作使用有关的工作。

十、档案管理员和财务管理员

档案管理员也称为档案保管员，其职责是负责系统开发的文档资料、各种数据软盘、系统软盘和各类凭证、账表的存档保管工作，并保证其安全完整，不得擅自出借有关的软盘和文档资料。

财务管理员的主要职责是进行会计信息的分析和整理、参与决策和管理等工作。

如果单位的会计软件是由科研单位组织开发或是购入的商品化软件，单位可不设置系统分析员、系统设计员和系统程序员；如果单位的业务量不大或会计电算化的程度不高，操作员和数据录入员可合并由一人担任。

第四节　会计电算化工作中常见的问题

一、会计电算化实施中存在的主要问题

（一）会计电算化认识上的局限性

由于我国会计电算化发展时间晚,所以充分认识会计电算化工作的重要意义及效率性，就需要进一步提高和强化。

据调查，多数单位电算化都是应用于代替手工核算，仅仅是从减轻会计人员负担、提高核算效率方面入手，根本没有认识到建立完整的会计信息系统对企业的重要性，使现有会计提供的信息不能及时、有效地为企业决策及管理服务。同时，在软件更新及硬件投入等方面也需要大量的钱和物，领导因考虑节约资金的目的，支持力度不够，没能利用信息技术优势来提高企业运作效率。多年来，人们习惯于传统的手工记账方式，记账、算账和报账已经扎根于头脑之中，"计算器""账本"是会计工作的主要运用工具，计算机虽然正在全民普及，但许多单位的会计人员对计算机的后续学习能力不足，也制约了会计电算化工作的开展。

（二）电算化人员素质偏低

电算化人才严重匮乏，缺乏"复合型"的会计电算化人才。会计电算化是计算机、会计、管理等学科的综合体，需要一专多能的复合型人才。既精通会计又懂电脑技术，还要掌握相关的财务软件的使用技术以及保养和维护且不断努力学习的人，应该是会计电算化人才的标准之一。现阶段，大多数会计电算化人员是过去的老会计、老出纳等经过学习参加培训而来的。在财务软件运用方面存在严重的知识不足，对计算机的学习缺乏深入的认识和毅力，一旦在运行财务软件时，计算机出现故障或出现异常界面时，处理能力非常低下，甚至只能靠软件的维护人员排除故障，而维护人员大多是计算机专业出身，对财务知识基本不懂，就带来这方面的断层。即使有一部分人会计人员经过会计电算化的学习培训考试，也只是掌握一些对计算机的基本知识的应用，不能灵活地运用软件处理会计数据，进行财务信息的加工和分析，满足各方财务信息的需求。这也是制约电算化发展的主要原因。

（三）财务软件的使用较混乱

目前市场上，国家对财务软件的开发，没有实行统一的标准，各软件开发商开发了好多不同类型的财务软件，差异多样，财务软件比较混乱，即便是同一行业的不同单位使用的财务软件也不尽相同。不同的财务软件的数据接口、使用方法的不一样，导致了报表汇总、数据查询、数据传输的不方便。

财务软件的发展突飞猛进，日新月异，但因管理环境跟不上，软件使用人员的知识技能跟不上，企业应用会计软件的水平还很落后。许多会计软件功能齐全，但实际使用时只能完成少部分功能甚至好多功能根本没有启用，致使对会计信息系统的使用不充分。软件中财务管理和决策分析功能部分的使用率极低，会计软件运行过程中出现的意外问题处理能力差，只有采用手工会计核算，会计信息系统只作辅助作用。

（四）会计电算化的网络优势得不到充分发挥

就目前状况来看，会计电算化的发展主要是系统的普及和应用，会计信息资源的共享方面的发展非常欠缺，有待进一步完善。会计信息系统目前仍然是一个封闭式的系统，不能通过 Internet 网络向股东发布财务报表等综合信息和明细信息，也不能通过网络直接向税务、财政、审计、银行等综合管理部门提供信息，更不能有选择地披露相关的人事、技术、设备以及股东所关心的其他信息。

二、完善会计电算化的对策

（一）提高思想认识

会计电算化，是电子计算机在会计工作中应用的简称，即把以电子计算机为代表的现代化数据处理工具和以信息论、系统论、控制论、数据库，以及计算机网络等新兴理论和技术应用于会计核算和财务管理工作中，以提高财会管理水平和经济效益，进而实现会计工作的现代化。

理论是行动的先导，会计电算化事业的发展依赖于电算化会计理论的发展，电算化会计理论研究的滞后，会制约会计电算化软件的成熟与发展，因此，电算化会计理论是指导、推动会计电算化在新的基础上不断完善和发展的实践指南。

从一定意义上讲，电算化会计产生和发展的过程，也是突破传统会计观念，对现行会计理论和方法提出新问题、新课题，以及研究和确立新的理论和方法的过程。电算化会计理论研究表明会计电算化系统必然向网络化的方向发展，这就要求我们必须加强电算化会计理论的研究。

（二）重视复合型会计人才的培养

会计电算化，要求会计人员提高自身素质，更新知识结构。参与企业管理、学习经营知识、掌握计算机知识，掌握会计基础工作规范、熟悉会计业务处理程序，是实现会计电算化的前提条件，所以会计电算化对会计人员提出了更高的需求，形成复合型会计人才是必然的选择。

要提高会计人员的各项素质，必须大力加强人才培训的力度。企业应培养或聘用一批高级技术人才，他们能够掌握国际先进技术，精通信息技术，熟练应用会计电算化，推动企业电算化事业由"核算型"向"管理型""智能型"转变。各基层单位应积极支持及组织会计人员学习和提高会计电算化知识，维护软件正常运行，掌握计算机先进技术，培养复合型人才，为本单位尽快建立高效的会计信息系统创造条件。通过校企合作，开设会计电算化专业或在财会专业中增设计算机编程、维护等课程，或者进修计算机课程或者进修财会知识。

培训会计电算化考试。培训的内容要切合实际工作需要，学了就能用得上。对会计人员、系统维护人员、系统管理人员，应按不同内容、不同要求进行培训。对系统维护人员，应尽量聘用社会上的计算机专业人员，毕竟，计算机系统维护是一项专业性很强的工作，对这些计算机专业人员只要简单的会计培训，就可以收到良好的效果。

（三）规范财务软件

由于我国财务软件种类繁多，提供的会计信息各异，因此，应该通过行业会计协会制定统一的财务软件标准，使财务软件向系统化、规范化、统一化方向发展。这样国家有关经济管理、监督部门就可以很方便地通过网络进行财务检查、专用和专项资金使用情况分析，单位也可以利用网络及时地进行财务报告的传送等。

（四）加强审计监督

会计信息系统的内部控制分为制度控制和程序控制两类。以管理制度的形式制定一系列规章制度强制或监督会计部门执行，从而保证会计系统软件正常和安全运行。加强由数据输入控制、处理过程控制、数据输出控制等组成的程序控制。

加强审计监督，也是会计电算化健全的必要手段。审计人员对会计电算化系统的每一个环节进行核查监督，并审核和评估内部控制制度，发现内部控制系统的弱点，改善内部控制；另一个方面要提高审计人员的素质，加强对舞弊手法的甄别能力，同时要加快审计电算化的开发和应用，以适应对会计电算化系统的审计要求。

（五）积极推进"网络财务"的深层次发展

现阶段会计电算化仅仅是会计核算软件，利用电子计算机代替会计人员手工的记账、算账、报账问题，如账务处理、报表处理、工资核算等。只是减轻财务人员的重复劳动。随着经济的不断发展，会计工作已由记账、算账、报账转移到提供经济信息、分析经济情况、监督经济活动、预测经济前景、参与经济决策、提高经济效益等方面。"网络财务"的推出是集财务会计、财务管理和电子商务等一体的一种全新的会计电算化发展模式。

第四章　会计软件的操作流程

会计软件的操作流程：首先，需要进行安装会计软件；其次，熟悉掌握会计软件的功能和操作方法以及各软件模块的操作技巧；再次，各个软件模块之间的关系也要详细了解，只有这样才能快速得出准确的会计信息。

第一节　会计软件的安装

一、会计软件安装与系统管理的基本流程

会计软件安装与系统管理是建立会计核算体系、实现会计电算化的第一步，它是一个将会计软件与企业会计核算业务结合的过程，该过程的基本流程图如图4-1所示。

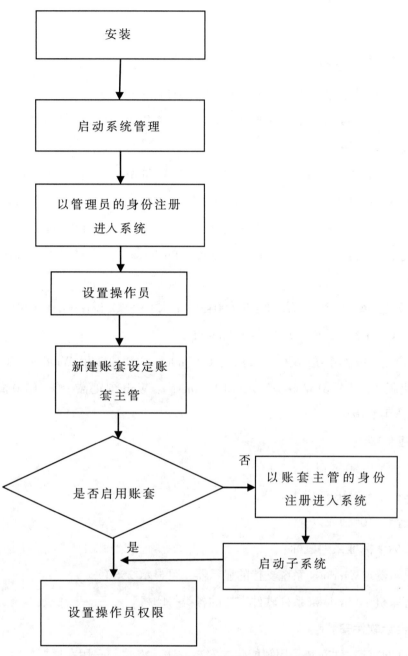

图4-1 会计软件安装与系统管理的基本流程图

从图4-1可知，会计软件安装与系统管理的基本流程可用文字表述如下：①在安装会计软件之后，首先要以系统管理员身份进入"系统管理"模块，在"系统管理"模块中的"操作员"菜单中增加操作员；②选择"系统管理"模块中的"账套"→"建立"命令，建立新的会计核算账套；③在主界面以"账套主管"身份进入"系统管理"模块，启动所使用的各个业务模块（子系统），并按企业内部控制的要求，设置操作员对各个业务模块的操

作权限。

二、会计软件的安装

在安装会计软件之前，应对会计软件的安装环境进行了解。

在开始使用总账系统进行财务管理之前，应对总账系统的相关基本概念进行了解。

（一）软件环境

（1）服务器端。操作系统（简体中文版）和 ns 组件：① Windows2000（Server）SP4；② Windows XP SP2 +IIS5.0；③ Windows 2003 Server（标准版）SPI +IIS6.0；④ Windows vista（Business）+IIS7.0；⑤ Net Framework：. Net Framework 2.0 SP2 简体中文版。说明：Windows XP 和 Windows vista（Business）仅支持单机（即服务器和客户端在同一主机）。

（2）数据库系统：① MSDE2000+SP3；② MSSQLServer 2000+SP4；③ MSSQL 2005 Express +SP2；④ MSSQLServer 2005+SP2。

（3）客户端。操作系统(简体中文版):① Windows XP SP2;② Windows 2003 Server(标准版、企业版）SP1；③ Windows vista（Business）。Web 浏览器：① IE7.0 简体中文版；② IE8.0 简体中文版。

（二）硬件环境

（1）主机：P350 或以上。

（2）内存：512MB 或以上。

（3）硬盘：10GB 或以上。

（4）鼠标：标准系列鼠标。

（5）显示器：Windows 系统支持的显示器，可显示 256 色。

（6）打印机：Windows 系列软件支持的各类打印机。

（三）会计软件安装

单机版的会计软件安装采用智能化的安装方法，将"T3—用友通标准版"软件光盘放入计算机光驱中，双击光盘中的"setup. exe"文件，安装界面如图 4-2 所示。

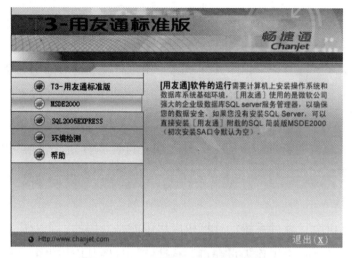

图4-2　T3—用友通标准版安装界面

在该界面双击"T3—用友通标准版"图标，并指定软件安装路径，系统会自动安装，安装完成并重新启动计算机后，在桌面自动产生"系统管理"和"T3"两个快捷图标，表明系统安装成功。（注：在安装"T3—用友通标准版"软件前，应先安装SQL Server数据库或MSDE 2000。）

网络版的会计软件安装较为复杂，会计软件的体系结构分为客户端和服务器端两个组成部分，需要先在服务器上安装服务器端、在用户计算机上安装客户端，然后进行相应的网络配置，分别形成单机应用模式和C/S网络应用模式。此项工作通常由软件公司的技术人员负责实施。

三、企业会计软件的系统管理

计算机会计软件系统与手工记账会计系统一样，对每一项可能引起舞弊或欺诈的经济业务，都不能由一个人（或部门）经手到底，必须分别由几个人（或部门）承担。在计算机会计软件系统中，这类职务主要有系统操作职务、数据维护管理职务、数据录入职务与审核记账职务、系统档案管理职务等。另外在建立符合职责划分原则的内控制度的同时，还应建立职务轮换制度。

（一）机构设置

企业实现了会计电算化后，应对原有的组织机构进行适当调整，以适应计算机会计软件系统的要求。企业可按会计数据的不同形态，划分为数据收集输入组、数据处理组和会计信息分析组等部门；也可按会计岗位和工作职责划分为计算机会计主管、软件操作、审核记账、电算维护、数据分析等岗位。机构的设置必须适合企业的实际规模，符合企业总体经营目标。

（二）职责划分

计算机会计软件系统与手工记账会计系统一样，对每一项可能引起舞弊或欺诈的经济业务，都不能由一个人（或部门）经手到底，必须分别由几个人（或部门）承担。在计算机会计软件系统中，这类职务主要有系统操作职务、数据维护管理职务、数据录入职务与审核记账职务、系统档案管理职务等。另外在建立符合职责划分原则的内控制度的同时，还应建立职务轮换。

（三）上机管理

企业用于计算机会计软件系统的计算机应尽可能是专用的，企业应对计算机的使用建立管理制度，以保证每一个工作人员和每一台计算机只做其应该做的事情。企业对用于计算机会计软件系统的计算机的上机管理措施应包括轮流值班制度、上机日志制度、操作手册、上机时间安排等。

（四）档案管理

企业应建立起完善的档案制度，加强档案管理。一个合理完善的档案管理制度一般有合格的档案管理人员、完善的资料借用和归还手段、完善的标签和索引方法、安全可靠的档案保管设备等。此外，还应定期对所有档案进行备份并妥善保管。为防止档案被破坏，企业应制定出一旦档案被破坏的事件发生时的应急措施和恢复手段。企业使用的会计软件也应具有强制备份的功能和一旦系统崩溃等及时恢复到最近状态的功能。

（五）设备管理

对用于计算机会计软件系统的各种硬件设备，应当建立完备的管理制度以保证设备的完好并能正常运行。硬件设备的管理包括对设备所处的环境进行的温度、湿度、防火、防雷击、防静电等的控制，也包括对人文环境的控制，如防止无关人员进入计算机工作区，防止设备被盗、防止设备用于其他方面等。

第二节　会计软件的功能

会计软件的基本功能是指系统必须具备的功能和完成这些功能的基本步骤。根据财政部颁布的《会计核算软件基本功能规范》的要求，会计软件必须具备系统初始化、会计数据的输入、会计数据的处理、会计数据的输出和会计数据的安全五项基本功能。

一、系统初始化

会计软件必须具备系统初始化的基本功能，系统初始化就是将通用会计软件转化为适合本单位实际情况的专用软件，其基本功能主要包括以下内容：

第一，设置会计软件操作人员岗位分工，包括操作人员姓名、操作权限、操作密码等内容。

第二，设置会计核算所必需的期初数据及有关资料，包括总分类账会计科目和明细分类账会计科目名称、科目编码、年初数、累计发生额及有关数量指标。

第三，设置凭证种类。可设置通用格式的记账凭证，也可设置收款、付款、转账凭证。

第四，选择会计核算方法。这些核算方法包括记账方法、固定资产折旧方法、存货计价方法、成本核算方法等。

第五，定义自动转账凭证，包括定义会计制度允许自动冲回的红字凭证等。

第六，输入需要在本期进行对账的未达账项，如银行款未达账、单位未达账等。

第七，通用会计软件应当提供会计报表的自定义功能，包括定义会计报表的格式、报表项目、报表数据来源和表间数据之间的运算关系和钩稽关系等。

初始化功能运行结束后，会计软件必须提供必要的方法对初始数据进行正确性校验。

二、会计数据的输入

（一）记账凭证的输入

会计软件应提供输入记账凭证的功能，输入项目应包括填制凭证的日期、凭证编号、经济业务内容摘要、会计科目或编码、金额等，输入会计凭证的格式和种类应当符合会计制度的规定。其中，机内记账凭证的编号应由会计软件进行连续性的自动控制，由会计软件控制产生自动流水编号。

（二）输入原始凭证

会计软件可按照以下方法对需要输入的原始凭证进行处理：①输入记账凭证的同时，输入相应的原始凭证；②记账凭证未输入前，直接输入原始凭证，由会计软件自动生成记账凭证；③在留有痕迹的前提下，会计软件可以对修改后的机内原始凭证与相应的记账凭证是否相符进行校验；④会计软件提供的原始凭证输入项目应当齐全，主要项目有填制凭证日期、填制凭证的单位、填制人姓名、接受凭证单位名称，以及经济业务内容、数量、单价和金额等。

三、会计数据的处理

会计软件应当提供根据审核通过的机内记账凭证及所附原始凭证登记账簿的功能。会计软件提供的会计数据处理功能如下：

（一）登账

会计软件提供以下登账处理功能：①根据审核通过的机内记账凭证或计算机自动生成的记账凭证，登记总分类账；②根据审核通过的机内记账凭证和相应机内原始凭证登记明细分类账；③机内总分类账和明细分类账登记时，会计软件可以计算出各会计科目的发生额和余额。

（二）银行对账

会计软件提供自动进行银行对账的功能，根据机内银行存款日记账与输入银行对账单及适当的手工辅助账，自动生成银行存款余额调节表。

（三）选择会计核算方法

对于通用会计软件，应当同时提供会计制度允许使用的会计核算方法以供用户选择。

（四）自动编制会计报表

会计软件提供符合会计制度规定的自动编制会计报表的功能。通用会计软件提供会计报表的自定义功能，包括定义会计报表的格式、项目，以及各项目的数据来源、表内和表间的数据运算和核对关系等。

（五）结账

会计软件提供机内会计数据按照规定的会计期间进行自动结账的功能。结账前，会计软件应当自动检查本期输入的会计凭证是否全部登记入账，全部登记入账后才能结账。

结账后，上一会计期间的会计凭证不能再输入，但下一会计期间的会计凭证可以输入。

四、会计数据的输出

会计软件应提供对机内会计数据查询、打印、磁盘存储的功能。

（一）会计软件提供的数据查询功能

会计软件提供以下的机内会计数据查询功能：①查询机内总分类科目和明细分类科目的名称、编码、年初余额、期初余额、累计发生额和余额等项目；②查询本期已经输入并登记入账和未登账的机内凭证、原始凭证；③查询机内本期和以前各期的总分类账簿和明细分类账簿；④查询往来账款项目和到期票据的结算情况。

（二）会计软件提供的打印输出功能

会计软件提供机内记账凭证、会计账簿、会计报表的打印输出功能，打印输出的记账凭证、会计账簿、会计报表的格式和内容符合国家统一会计制度的规定。

（三）会计软件提供的数据存储备份功能

会计年度终了，会计软件应当提供在计算机硬盘等存储介质中强制备份的功能。

五、会计数据的安全

会计软件应在会计数据的输入、处理、输出、存储等环节提供安全保障。会计数据的安全具体体现在以下几个方面：

第一，会计软件具有按照初始化功能中的设定，防止非指定人员擅自使用的功能，以及对指定操作人员实行使用权控制的功能。

第二，会计软件遇到以下情况，应予提示并保持软件的正常运行：①会计软件在执行备份功能时，存储介质无存储空间，数据磁带或磁盘贴有写保护标签；②会计软件执行打印操作时，打印机未连接或未打开电源开关；③会计软件操作过程中，输入了与软件当前要求输入项目不相关的数字或字符。

第三，对存储在磁性介质上或其他介质上的程序文件和相应的数据文件，会计软件应当有必要的加密或其他保护措施，以防止被非法篡改。

第四，会计软件应当具有在计算机发生故障或由于强行关机及其他原因引起内存和外存会计数据被破坏的情况下，利用现有数据恢复到最近状态的功能。

以上简要介绍了会计软件的系统初始化、会计数据的输入、会计数据的处理、会计数据的输出、会计数据的安全五大基本功能，这些基本功能将在会计软件的各功能模块中得到具体的体现。

六、会计软件的配备方式及其功能模块

（一）企业配备会计软件的方式

企业配备会计软件的方式主要有购买、定制开发、购买与开发相结合等。其中，定制开发包括企业自行开发、委托外部单位开发、企业与外部单位联合开发三种具体开发方式。

1. 购买通用会计软件

通用会计软件是指软件公司为会计工作专门设计开发，并以产品形式投入市场的应用软件。企业作为用户，付款购买即可获得软件的使用、维护、升级，以及人员培训等服务。

采用这种方式的优点如下：

（1）企业投入少、见效快，实现信息化的过程简单。

（2）软件性能稳定，质量可靠，运行效率高，能够满足企业的大部分需求。

（3）软件的维护和升级由软件公司负责。

（4）软件安全保密性强。用户只能执行软件功能，不能访问和修改源程序。

采用这种方式的缺点如下：

（1）软件的针对性不强，通常针对一般用户设计，难以适应企业特殊的业务或流程。

（2）为保证通用性，软件功能设置往往过于复杂，业务流程简单的企业可能感到不易操作。

2．定制开发

（1）自行开发。自行开发是指企业自行组织人员进行会计软件开发。

采用这种方式的优点主要有：①企业能够在充分考虑自身生产经营特点和管理要求的基础上，设计最有针对性和适用性的会计软件；②由于企业内部员工对系统充分了解，当会计软件出现问题或需要改进时，企业能够及时高效地纠错和调整，保证系统使用的流畅性。

采用这种方式的缺点主要有：①系统开发要求高、周期长、成本高。系统开发完成后，还需要较长时间的试运行；②自行开发软件系统需要大量的计算机专业人才，普通企业难以维持一支稳定的高素质软件人才队伍。

（2）委托外部单位开发。委托外部单位开发是指企业通过委托外部单位进行会计软件开发。

采用这种方式的优点主要有：①软件的针对性较强，降低了用户的使用难度；②对企业自身技术力量的要求不高。

采用这种方式的缺点主要有：①委托开发费用较高；②开发人员需要花大量的时间了解业务流程和客户需求，会延长开发时间；③开发系统的实用性差，常常不适用于企业的业务处理流程；④外部单位的服务与维护承诺不易做好。因此，这种方式目前已很少使用。

（3）企业与外部单位联合开发。企业与外部单位联合开发是指企业联合外部单位进行软件开发，由本单位财务部门和网络信息部门进行系统分析，外单位负责系统设计和程序开发工作，开发完成后，对系统的重大修改由网络信息部门负责，日常维护工作由财务部门负责。

采用这种方式的优点主要有：①开发工作既考虑了企业的自身需求，又利用了外单位的软件开发力量，开发的系统质量较高；②企业内部人员参与开发，对系统的结构和流程较熟悉，有利于企业日后进行系统维护和升级。

采用这种方式的缺点主要有：①软件开发工作需要外部技术人员与内部技术人员、会计人员充分沟通，系统开发的周期较长；②企业支付给外单位的开发费用相对较高。

3. 购买与开发相结合

购买与开发相结合是指通用会计软件与定制开发会计软件相结合。对于单位的特殊需求，通用会计软件不能满足的，可以定制开发，然后利用通用会计软件提供的接口将它们连接起来。采用这种方式，既省时间又省费用，是实现会计电算化的有效途径。

（二）会计软件的功能模块

1. 会计软件各模块的功能描述

会计软件的功能模块，是指会计软件中具备相对独立地完成会计数据输入、处理和输出功能的各个部分。完整的会计软件的功能模块包括：账务处理模块、固定资产管理模块、工资管理模块、应收管理模块、应付管理模块、成本管理模块、报表管理模块、存货核算模块、财务分析模块、预算管理模块、项目管理模块、其他管理模块。

（1）账务处理模块。账务处理模块以会计凭证为数据处理起点，通过会计凭证输入和处理，完成记账、银行对账、结账、账簿查询及打印输出等工作。

（2）固定资产管理模块。固定资产管理模块主要是以固定资产明细账为基础，实现固定资产的会计核算、固定资产卡片的增加、删除、修改、查询、折旧计提和分配、设备管理等功能，同时提供了固定资产按类别、使用情况、所属部门和价值结构等进行分析、统计和各种条件下的查询、打印功能，以及该模块与其他模块的数据接口管理。

（3）工资管理模块。工资管理模块是进行工资核算和管理的模块，该模块以人力资源管理提供的员工及其工资的基本数据为依据。完成员工工资数据的收集、员工工资的核算、工资发放、工资费用的汇总和分摊、个人所得税计算和按照部门、项目、个人等条件进行工资分析、查询和打印输出，以及该模块与其他模块的数据接口管理。

（4）应收、应付管理模块。应收、应付管理模块以发票、费用单据、其他应收单据、应付单据等原始单据为依据，记录销售、采购业务所形成的往来款项，处理应收、应付款项的收回、支付和转账，进行账龄分析和坏账估计及冲销，并对往来业务中的票据、合同进行管理，同时提供统计分析、打印和查询输出功能，以及与采购管理、销售管理、账务处理等模块进行数据传递的功能。

因为销售管理模块与应收管理模块、采购管理模块与应付管理模块关系密切，所以有些适用于小型企业的会计核算软件,将销售管理模块与应收管理模块、采购管理模块与应付管理模块绑定在一起,但对于一些适用于大中型企业的会计软件,为了便于职能分工和财务管理,往往将销售管理模块、应收管理模块、采购管理模块、应付管理模块分开建立。

(5)成本管理模块。成本管理模块主要提供成本核算、成本分析、成本预测功能,以满足会计核算的事前预测、事后核算分析的需要。此外,成本管理模块还具有与生产模块、供应链模块,以及账务处理、工资管理、固定资产管理和存货核算等模块进行数据传递的功能。

(6)报表管理模块。报表管理模块与其他模块相连,可以根据会计核算的数据,结合会计准则和会计制度的要求,以及企业管理的实际需求,生成各种内部报表、外部报表、汇总报表。并根据报表数据分析报表,以及生成各种分析图等。在网络环境下,很多报表管理模块同时提供了远程报表的汇总、数据传输、检索查询和分析处理等功能。

(7)存货核算模块。存货核算模块以供应链模块产生的入库单、出库单、采购发票等核算单据为依据,核算存货的出入库和库存金额、余额,确认采购成本,分配采购费用,确认销售收入、成本和费用,并将核算完成的数据,按照需要分别传递到成本管理模块、应付管理模块和账务处理模块。

(8)财务分析模块。财务分析模块从会计软件的数据库中提取数据,运用各种专门的分析方法,完成对企业财务活动的分析,实现对财务数据的进一步加工,生成各种分析和评价企业财务状况、经营成果和现金流量的信息,为决策提供正确依据。

(9)预算管理模块。预算管理模块将需要进行预算管理的集团公司:子公司、分支机构、部门、产品、费用要素等对象,根据实际需要分别定义为利润中心、成本中心、投资中心等不同类型的责任中心。然后确立各责任中心的预算方案,指定预算审批流程,明确预算编制内容,进行责任预算的编制、审核、审批,以便实现对各个责任中心的控制、分析和绩效考核。

(10)项目管理模块。项目管理模块主要是对企业的项目进行核算、控制与管理。项目管理主要包括项目立项、计划、跟踪与控制。终止的业务处理,以及项目自身的成本核算等功能。

(11)其他管理模块。根据企业管理的实际需要,其他管理模块一般包括领导查询模块、决策支持模块等。领导查询模块可以按照领导的要求从各模块中提取有用的信息并加以处理,以最直观的表格和图形显示,使管理人员通过该模块及时掌握企业信息;决策支持模块利用现代计算机、通讯技术和决策分析方法。通过建立数据库和决策模型，实现向企业决策者提供及时、可靠的财务和业务决策辅助信息。

上述各模块既相互联系又相互独立，有着各自的目标和任务，它们共同构成了会计软件，实现了会计软件的总目标。

2. 会计软件各模块的数据传递

会计软件是由各功能模块共同组成的有机整体，为实现相应功能，相关模块之间相互依赖，互通数据。

其中，账务处理模块为会计软件的核心，以记账凭证为接口与其他功能模块有机地连接在一起，其他模块的数据处理都是围绕账务处理模块展开的。各模块的数据传递关系表现如下：

（1）存货核算模块生成存货入库、存货估价入账、存货出库、盘亏/毁损、存货销售收入、存货期初余额调整等业务的记账凭证，并传递到账务处理模块，以便用户审核登记存货账簿。

（2）应付管理模块完成采购单据处理、供应商往来处理、票据新增、付款、退票处理等业务后，生成相应的记账凭证并传递到账务处理模块，以便用户审核登记赊购往来及其相关账簿。

（3）应收管理模块完成销售单据处理、客户往来处理、票据处理及坏账处理等业务后，生成相应的记账凭证并传递到账务处理模块，以便用户审核登记赊销往来及其相关账簿。

（4）固定资产管理模块生成固定资产增加、减少、盘盈、盘亏、固定资产变动、固定资产评估和折旧分配等业务的记账凭证，并传递到账务处理模块，以便用户审核登记相关的资产账簿。

（5）工资管理模块进行工资核算，生成分配工资费用、应交个人所得税等业务的记账凭证，并传递到账务处理模块，以便用户审核登记应付职工薪酬及相关成本费用账簿；工资管理模块为成本管理模块提供人工费资料。

（6）成本管理模块中，如果计入生产成本的间接费用和其他费用定义为来源于账务处理模块，则成本管理模块在账务处理模块记账后，从账务处理模块中直接取得间接费用和其他费用的数据；如果不使用工资管理、固定资产管理、存货核算模块，则成本管理模块还需要在账务处理模块记账后，自动从账务处理模块中取得材料费用、人工费用和折旧费用等数据；成本管理模块的成本核算完成后，要将结转制造费用、结转辅助生产成本、结转盘点损失和结转工序产品耗用等记账凭证数据传递到账务处理模块。

（7）存货核算模块为成本管理模块提供材料出库核算的结果；存货核算模块将应计入外购入库成本的运费、装卸费等采购费用和应计入委托加工入库成本的加工费传递到应付管理模块。

（8）固定资产管理模块为成本管理模块提供固定资产折旧费数据。

（9）报表管理和财务分析模块可以从各模块取数编制相关财务报表，进行财务分析。

（10）预算管理模块编制的预算经审核批准后，生成各种预算申请单，再传递给账务处理模块、应收管理模块、应付管理模块、固定资产管理模块、工资管理模块，进行责任控制。

（11）项目管理模块中发生与项目业务相关的收款业务时，可以在应收发票、收款单或者退款单上输入相应的信息，并生成相应的业务凭证传递至账务处理模块；发生与项目相关的采购活动时，其信息也可以在采购申请单、采购订单、应付模块的采购发票上记录；在固定资产管理模块引入项目数据可以更详细地归集固定资产建设和管理的数据；项目的领料和项目的退料活动等数据可以在存货核算模块进行处理，并生成相应的凭证传递到账务处理模块。如图4-3所示。

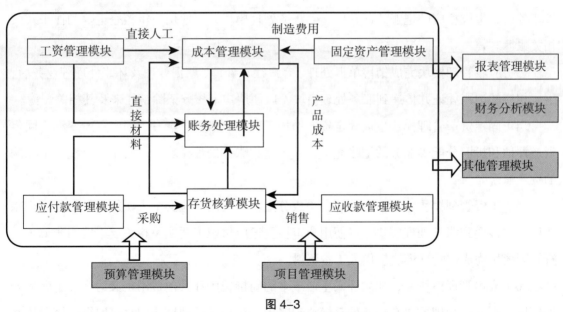

图 4-3

此外，各功能模块都可以从账务处理模块获得相关的账簿信息；存货核算、工资管理、固定资产管理、项目管理等模块均可以从成本管理模块获得相关的成本数据。

第三节　会计软件的操作方法

随着会计电算化的发展，我国商品化会计软件市场已基本形成，会计软件的操作能力已成为面向21世纪的会计人才必备的技能。通过购买商品化会计软件的方式实现会计电算化的单位越来越多，而大多数的财会人员都是通过会计电算化初级知识培训取得会计电算化上岗证的。然而，市场上流行的会计软件仅是通过财政部评审的就有38个之多，在进行会计电算化初级知识培训时，不必要也不可能将所有商品化软件都用于教学实践，只能选择其中的一个或两个进行教学，但是各种会计软件的"面孔"千差万别，如何才能使学生通过对一个会计软件的操作实践，获得举一反三的效果，是会计电算化初级知识培训必须解决的一个根本性问题，而目前对会计软件操作方法的研究，尚属空白。我们认为，对这个问题的研究，不仅有利于丰富会计电算化理论，而且有利于节省会计电算化教育资源。

结合会计软件的操作实践，会计软件的操作流程包括会计软件的运行设置、系统初始化、选择操作方法、日常处理和期末处理等环节。

一、进行会计软件运行环境设置

世界上万事万物的生存都离不开一定的环境。近年来关于会计与环境关系问题的研究成果层出不穷，正如"会计总是存在于一定的社会经济环境之中，不可避免地受到环境的影响和制约"一样，会计软件的运行也必然离不开特定硬软件环境。因此，每一个会计软件在运行前都要进行系统环境设置，如显示卡类型适配设置、打印机型号适配设置、操作系统及汉字系统适配设置等，具体设置的方法是在会计软件安装完成后，对照会计软件的"用户手册"，按图索骥即可。

二、系统初始化

（一）系统初始化的特点和作用

系统初始化是系统首次使用时，根据企业的实际情况进行参数设置，并录入基础档案与初始数据的过程。

系统初始化是会计软件运行的基础，是通用会计核算软件投入正常使用的前提。它将通用的会计软件转变为满足特定企业需要的系统，使手工环境下的会计核算和数据处理工作得以在计算机环境下延续和正常运行。

系统初始化在系统初次运行时一次性完成，但部分设置可以在系统使用后进行修改。系统初始化将对系统的后续运行产生重要的影响，例如，在系统初始化时，建账时间设置在年初或年中，录入期初余额时是有差别的。因此，系统初始化工作必须完整且尽量满足企业的需求。

（二）系统初始化的内容

系统初始化的内容包括系统级初始化和模块级初始化。

1. 系统级初始化

系统级初始化是设置会计软件所公用的数据、参数和系统公用基础信息，其初始化的内容涉及多个模块的运行，不特定专属于某个模块。

2. 模块级初始化

模块级初始化是设置特定模块运行过程中所需要的参数、数据和本模块的基础信息，以保证模块按照企业的要求正常运行。

模块级初始化内容主要包括：设置模块控制参数；设置模块基础信息；录入模块初始数据。

三、选择操作方法

我们必须承认，会计电算化理论研究尚未取得重大突破。虽然有的学者提出了一些新的观点如电算化条件下，账簿没有存在的必要，总账和明细账的核对工作可以取消，还有的学者提出"事项基础会计信息系统观"，认为有必要进行"业务流程重组和现代会计模型"改造，但仍处于研究探索阶段。市场上流行的商品化会计软件，仍然是基于价值基础会计信息系统观开发的，传统会计在现代会计软件中的色彩依然很浓，反映记账报账规律的"凭证—账簿—报表"模式依然适用，会计软件进行会计数据处理的基本流程与手工会计并无明显差异，这就给所有深谙会计基本原理的财会人员操作会计软件提供了便利，其基本的操作流程为时间校对→操作员姓名及口令→设置凭证输入→凭证审核→记账→结账→账簿输出→会计报表格式定义→会计报表取数公式定义→报表计算→报表输出。

四、日常处理

（一）日常处理的含义

日常处理是指在每个会计期间内，企业日常运营过程中重复、频繁发生的业务处理过程。

具体来说，是将日常发生的经济业务录入到会计软件的各个模块中，从而利用计算机对这些数据进行分类、汇总，通过记账凭证，传递到账务处理模块，同时通过凭证过账功能登记到各种账簿中，为编制会计报表提供数据。

（二）日常处理的特点

日常业务频繁发生，需要输入的数据量大且日常业务在每个会计期间内重复发生，所涉及金额不同。

五、期末处理

（一）期末处理的含义

期末处理是指在每个会计期间的期末所要完成的特定业务，主要包括期末的分摊、计提、结转业务的处理、对账、结账工作。

（二）期末处理的特点

有较为固定的处理流程；业务可以由计算机自动完成。例如，期末的结账工作在会计软件中是由计算机自动完成的。期末结账，软件可以自动结出本会计期间借、贷方发生额和期末余额，并将其结转到下个会计期间。在会计软件应用的各个环节均应注意对数据的管理。

六、数据管理

（一）数据备份

数据备份是指将会计软件的数据输出保存在其他存储介质上以备后续使用。数据备份主要包括账套备份、年度账备份等。

（二）数据还原

数据还原又称数据恢复，是指将备份的数据使用会计软件恢复到计算机硬盘上。它与数据备份是一个相反的过程。数据还原主要包括账套还原、年度账还原等。

七、掌握基本的操作技巧

（一）充分利用会计软件的方便操作功能

为了方便用户操作，一般商品化会计软件中都提供一些方便操作的功能，如帮助功能、数据参照功能（指用户在数据输入、查询、提示回答等状态下，可调用该功能打开一个参照窗口显示有关数据供用户选择输入）、提示回答、选择回答、错误提示窗、等待处理窗口、处理中断，以及其他一些辅助功能。既然会计软件提供了这一系列功能，我们就要充分利用，提高操作效率。

（二）及时作出分析和判断

我们在教学过程中发现，绝大多数财会人员在操作会计软件时，都喜欢将眼睛盯着自己的手指，而不是注意观察屏幕的变化或提示，一有问题就迫不及待地询问处理方法。其实问题很简单，处理的方法也就在计算机的屏幕上。而且，几乎所有商品化会计软件的屏幕布局都做得不错，用户能够进行的相应操作，软件都会在屏幕的不同位置给予相应的提示（如文字、按键、图标），即使用户操作失误，软件也会给出相应的提示信息，以帮助用户解决问题，用户在操作过程中只要细心地观察屏幕，并对屏幕出现的提示信息给予及时判断和分析即可解决问题。

（三）优化操作环境

如前所述，会计软件是在一定环境之下运行的，对其运行环境的开发利用，将给会计软件的操作带来极大的方便，但是很多财会人员在学习会计电算化的过程中都极少注意这个问题，一心一意学习会计电算化，这样必然形成一种"隧道视野"，画地为牢，终究难以提高。据笔者分析，这可能是对会计电算化概念理解不透所致。我们说，会计电算化是指计算机在会计中应用的简称，如果你不懂计算机（关键在于这个"懂"字），你根本就无法在会计工作实践中充分利用和发挥计算机资源为会计工作服务，就像手工会计下你不会打算盘，就难以快速、有效地进行手工会计核算一样。为此，我们认为，财会人员在研究电子计算机方面花更多的精力，将是一种值得 的投入。电子计算机与财会人员的"关系"将会越来越密切，比如我们可以利用汉字操作系统所提供的自定义词组功能，将一些基本固定的摘要编成"摘要词组"以提高记账凭证的录入速度；也可以利用 Windows 系统所提供的后台打印功能（指利用 Windows 的多任务处理能力设置打印处理），使用户在执行系统打印功能的同时仍然可以利用会计软件处理有关会计业务，提高财务部门日常工作的效率；还可以利用电子报表软件 Excel 获取外部数据的功能，对现有财务数据进行多功能的分析，如静态资金结构分析、动态发展分析、相关关系分析等。还可以将分析的结果以直方图、圆饼图、曲线图、相关关系图等多种形式输出，便于及时提供直观、清晰、明了的财务预测、决策资料，有利于财会人员参与决策职能的发挥，从而能够彻底改善财会人员的形象。

第五章　ERP 与会计电算化

随着网络技术的成熟和普遍应用，以前财务软件的功能已经整合到 ERP 软件中了，而 ERP 软件的功能涵盖了企业管理的全过程，这就使以前只练习财务处理方面的功能达不到令人满意的效果，所以要对 ERP 与会计电算化进行详细的了解与研究。

第一节　ERP 概述

企业资源计划（Enterprise Resources Planing，ERP）是一个集合企业内部的所有资源（如人力、资金、物料、设备、时间、信息等），进行有效的计划和控制，以达到最大效益的集成系统。ERP 集先进的管理思想与信息技术于一身，是提高企业运行效率，增强企业在整个行业中竞争能力的有效手段，也是企业信息化过程中的一个重要组成部分。

一、ERP 产生的背景

20 世纪 90 年代，由于经济全球化和市场国际化的发展趋势，制造业面临着更激烈的竞争。市场经营重点由以产品为中心转向以客户为中心，基于时间以及价值链的全新管理理念获得企业主的广泛认可。市场不断成熟，卖方市场向买方市场转移，顾客资源管理受到追捧，传统企业生产的产品驱动模式被客户驱动模式代替，商业行为的复杂性不断增加。

首先，传统企业管理建立在劳动分工理论的基础上，强调专业和单项分工管理，资讯管理手段限于人工方式的记录与经验的积累。而现代企业则强调企业系统内在要素的协调发展。

其次，传统企业重视专业分工，运营管理通过职能驱动实现。而现代企业的运营重视通过流程驱动，实现企业经营目标。

最后，传统企业重视企业内部资源的合理利用，通过市场竞争获得"单赢"，而现代企业重视企业内外资源的整合与优化，通过价值链管理理念的运用，竞争之中有合作，允许竞争对手获取自己的价值增值。

在当今的大环境中，传统管理的弊端不断制约着企业的快速成长，企业管理模式的变革势在必行。

二、ERP 发展简史

自从 1945 年第一台计算机在美国诞生，世界就进入了一个全新的时代——信息化时代，各行各业无不和计算机产生了密切的联系。作为推动社会物质产品生产的企业来说，也进入了一个企业信息化时代，企业信息化使内外各种资源不断整合，产出效率不断提高。计算机在企业中的作用不断得到认可，其中，最炙手可热的企业信息化是 ERP 的应用。

20 世纪 60 年代，随着信息技术的发展，计算机已经不再只是科研教育单位的专用工具，而是越来越多地走进了企业，为企业提供全面的数据存储和处理服务。同时，西方国家在经历了第二次世界大战后的疯狂增长和繁荣之后，市场竞争变得更加激烈，在当时占据主导地位的汽车、石油、重工等行业，开始使用大型计算机来处理企业内部管理过程中的大量数据统计和运算工作。

1965 年，针对当时企业出现的供应滞后、交货不及时等问题，APICS（美国生产与库存管理协会）提出了 MRP（物料需求计划）的概念。通过 MRP 管理软件的信息集成系统，企业对生产制造过程中的"产、供、销"等实现了信息集成，使得企业在库存管理上能进行有效的计划和控制。但是，MRP 所提出"减少库存"的目标，在企业仍然围绕以生产为目标的运作模式下，难以实现。由于企业在围绕"生产"的运作过程中，规模已成为企业降低成本的主要方法，于是导致了过度生产，过度的生产使得产品堆满了库房。

随着 20 世纪 60 年代经济增长的减缓和市场竞争的加剧，为库存而生产的生产方式使得企业背上了沉重的积压包袱，而那些迅速适应市场变化，根据订单生产的企业迅速崛起。到了 20 世纪 80 年代，企业开始通过对整个内部供应链的监控和计划来指导生产，以面向市场为管理中心，随时了解和控制产品的最终成本，MRP Ⅱ（制造资源计划）的概念以及相应的软件应运而生。

MRP Ⅱ 最主要的进步在于实现了业务数据同财务数据的集成，同时将 JIT（Just In Time，正好准时）的运营模式和 MRP 的计划模式进行了整合，改变了财务信息严重滞后于生产信息的现象，并成为指导和修正生产活动的标准，从而达到企业整体盈利的总体目标。在 MRP Ⅱ 中，强调了对企业内部的人、财、物等资源的全面管理，把制造企业按不同的生产方式如重复制造、批量生产、按订单生产等来管理，每一种生产方式都对应一套管理标准。

进入 20 世纪 90 年代，世界经济格局发生了几个显著的变化：

第一，冷战结束，加速了全球经济一体化的进程；第二，以计算机和网络技术为代表的新经济开始起飞，在社会生活中占据了越来越重要的位置；第三，电视、广播、网络等媒介使得信息传播越来越迅速，市场需求呈现出个性化和多元化的倾向。由于这些变化，企业在生产和运行过程中，已经不能单纯靠扩大规模来低成本和增加利润；相反，一些规模虽小但信息灵通、反应敏捷、供货及时的企业表现出了勃勃生机，"大鱼吃小鱼"变成了"快鱼吃慢鱼"，现实中出现了许多中小企业依靠快速发展，通过资本运作演绎企业界的"蛇吞象"神话。

企业为了适应市场需求的变化，过去单一的生产模式变成了混合型的生产模式，MRP Ⅱ 在应对这些复杂和多变的混合生产时，已经无法准确地适应企业的管理需要了。并且，由于 MRP Ⅱ 是通过对计划的及时滚动来控制整个生产过程，相比更加快捷的互联网来说显得时效性较差，只能实现事后控制。同时，企业越来越强调利润控制的作用，因此简单的财务数据和生产数据的集成，已经无法满足管理控制的要求。

20 世纪 90 年代初，美国著名的 IT 分析公司 Gartner Group Inc。根据当时计算机信息处理技术的发展和企业对供应链管理的需要，预测在信息时代制造业管理信息系统的发展趋势和即将发生的变革，并提出了企业资源计划 ERP 概念。ERP 是以客户驱动的、基于时间的、面向整个供应链管理的企业资源计划系统。1990 年前后，ERP 逐渐取代了 MRP Ⅱ，成为主流的企业信息化系统。

（一）ERP 简况

在 18 世纪工业革命后，人类进入工业经济时代，社会经济的主体是制造业。工业经济时代竞争的特点就是产品生产成本上的竞争，基于规模化的大量生产是降低生产成本的有效方式。由于生产的发展和技术的进步，大量生产也给制造业带来了许多管理控制的困难。例如，生产所需的原材料不能准时供应或供应不足，零部件生产不配套，且积压严重；产品生产周期过长和难以控制，劳动生产率下降；资金积压严重，周转期长，资金使用效率降低；市场和客户需求的变化，使得企业经营计划难以适应。总之，降低成本的主要矛盾就是库存积压与产品短缺问题。

为了解决工业生产管理的关键问题，1957 年，美国生产与库存控制协会（以下简称 APICS）成立，开始进行生产与库存控制方面的研究与理论传播。随着 20 世纪 60 年代计算机的商业化应用开始，第一套物料需求计划 MRP（Material Requirements Planing）软件系统面世并应用于企业物料管理工作中。至 20 世纪 70 年代，人们在此基础上，一方面把生产能力作业计划、车间作业计划和采购作业计划纳入 MRP 中；另一方面在计划执行过程中，加入来自车间、供应商和计划人员的反馈信息，并利用这些信息进行计划的平衡调整，从而围绕着物料需求计划，使生产的全过程形成一个统一的 MRP 闭环系统。这就是由早期的 MRP 发展而来的闭环式 MRP，闭环式 MRP 将物料需求按周或者按天进行分解，使得 MRP 成为一个实际的计划系统和工具，而不仅是一个订货系统，这是企业物流管理的重大发展。

闭环式 MRP 系统的出现，使生产计划方面的各子系统得到了统一。只要制订好主生产计划（MPS），那么闭环 MRP 系统就能够有效运行。在企业的管理中，生产管理只是一个方面，它所涉及的是物流，而与物流密切相关的还有资金流。传统上，企业的资金流是由财务部门另行管理的，这就造成了数据的重复录入与存储，甚至造成数据的不一致性，降低了管理效率，且浪费资源。

于是人们想到，应该建立一个一体化的管理系统来去掉不必要的重复性工作、减少数据间的不一致和提高工作效率。实现资金流与物流的统一管理，要求把财务子系统与生产子系统结合到一起，形成一个系统整体，这使得闭环 MRP 向前迈进了一大步。最终，在 20 世纪 80 年代，人们把制造、财务、销售、采购、工程技术等各个子系统集成为一个一体化的系统，并称为制造资源计划（Manufacturing Resource Planing）系统，英文缩写是 MRP，为了区别物料需求计划系统（也缩写为 MRP）而记为 MRP Ⅱ。MRP Ⅱ可在周密的计划下有效地利用各种制造资源、控制资金占用、缩短生产周期、降低成本，但它仅仅局限于企业内部物流、资金流和信息流的管理。它最显著的效果是减少库存量和减少物料短缺。

到 20 世纪 90 年代中后期，全球从工业经济时代开始步入知识经济时代，企业所处的时代背景与竞争环境发生了很大变化，企业资源计划 ERP 系统就是在这种时代背景下产生的。在 ERP 系统设计中，一方面考虑到仅依靠自己企业的资源不可能有效地参与市场竞争，还必须把经营过程中的有关各方如供应商、制造工、分销网络、客户等纳入一个紧密的供应链中，才能有效地安排企业的产、供、销活动，满足企业利用一切市场资源快速高效地进行生产经营的需求，以进一步提高效率和在市场上获得竞争优势；另一方面也考虑了企业为了适应市场需求变化，不仅要组织"大批量生产"，还要组织"多品种小批量生产"，甚至是"大规模定制生产"。在混合制造环境下，需要用不同的方法来制订生产计划。

借助计算机信息技术的飞速发展与应用，ERP 系统得以将很多先进的管理思想变成现实中可实施应用的计算机软件系统。尽管如此，有的专家指出 ERP 系统中也存在着一些不足之处，主要表现在以下几个方面：

首先，动态适应性问题。ERP 系统虽然考虑了企业怎样适应市场需求的变化以及怎样利用全社会一切市场资源快速高效地进行生产经营，但并未从根本上考虑知识经济时代技术持续创新以及市场竞争环境的迅速变化对企业生产流程与业务管理流程动态调整的要求。目前的 ERP 系统一般是以一种预先固定好的模式结构提供给用户，企业在建立 ERP 管理系统时，一是软件无法灵活地适应个性化的企业管理流程要求，这就不得不要求企业管理流程按照 ERP 系统中的固有模式去运作，否则 ERP 系统就要经过二次开发；二是一旦 ERP 系统实施完毕，企业在需要进行管理与业务流程重整时，很难真正达到从组织结构、生产流程、业务流程全面重整的效果，即现有的 ERP 系统结构与功能制约了企业的动态重整过程。因此，ERP 系统的进一步发展需要将管理模式与软件系统相分离，以期实现企业的动态重整过程。

其次，适用范围问题。ERP 系统的发展起源于制造业并主要应用于制造业，可以说 ERP 的先进管理思想在制造业管理上发挥得淋漓尽致。虽然 ERP 系统的财务管理、分销管理和人力资源管理等可以应用于非制造业，但是在非制造业，ERP 的先进管理思想难以完整地体现。在当前知识经济时代，服务业是社会经济的主导行业，ERP 在服务业的应用，特别是在跟踪客户服务和实现在线客户服务方面，难以实现对客户服务需求的快速响应和客户的高满意度。

再次，知识管理问题。在工业经济时代，企业价值主要是有形资本（包括实物与资金）与无形资本的价值，在工业经济时代后期，人们认识到人力资源及其资本价值。而今在知识经济时代，智力资本已开始成为企业价值的重要组成部分。为了提升企业智力资本价值，人们认识到知识管理（包括知识的获取、加工处理、共享使用等）的重要性。ERP 系统在如何建立企业内部或企业供应链上的知识管理体系与管理手段方面还是一片空白。

最后，业务流的控制问题。有的 ERP 系统虽然提供了对工作流（Work Flow）的管理，但 ERP 系统中的工作流与 ERP 系统功能组成的业务流程（Business Process）并没有紧密融合在一起，从而缺乏对业务处理过程的有效控制与管理。

ERP 即企业资源计划（Enterprise Resource Planing，ERP），是一个集合企业内部的所有资源（如人力、资金、物料、设备、时间、信息等），进行有效的计划和控制，以达到最大效益的集成系统。

从企业内部管理来理解，ERP 系统把所有企业资源整合在一起，对采购、生产、库存、分销、运输、财务、人力资源进行规划，从而达到最佳资源组合，优化管理，提高企业营运效益。

ERP 的正式命名是在 1990 年，美国 Gartner Group 公司在当时流行的工业企业管理软件 MRP Ⅱ 的基础上，提出了评估 MRP Ⅱ 的内容和效果的软件包，这些软件包被称为ERP。从最初的定义来讲，ERP 只是一个为企业服务的管理软件，在这之后，全球最大的企业管理软件公司 SAP 在二十多年为企业服务的基础上，对 ERP 的定义提出了创造性的"管理 +IT"的概念，其内涵包括以下内容：第一，ERP 不只是一个单纯的软件系统，而是一个集组织模型、企业规范和信息技术、实施方法于一体的综合管理应用体系；第二，ERP使得企业的管理核心从"在正确的时间制造和销售正确的产品"，转移到了"在最佳的时间和地点，获得企业的最大利润"，这种管理方法和手段的应用范围也从制造企业扩展到了其他不同的行业。第三，ERP 从满足动态监控，发展到了商务智能的引入，使得以往简单的事物处理系统，变成了真正具有智能化的管理控制系统。第四，从软件结构而言，现在的 ERP 必须能够适应互联网，可以支持跨平台、多组织的应用，并和电子商务的应用具有广泛的数据、业务逻辑接口。

因此，今天所说的 ERP，通常是指基于 SAP 公司在 1990 年以后的定义来说的。所谓ERP，就是通过信息技术等手段，实现企业内部资源的共享和协同，克服企业中的官僚制约，使得各业务流程无缝平滑地衔接，从而提高管理的效率和业务的精确度，提高企业的盈利能力，降低交易成本。

经过了几十年的发展，企业 ERP 的关注度越来越高，ERP 的发展也突飞猛进，ERP 的内涵也越来越丰富，导入 ERP 的企业领域不断得到扩展，由大型企业扩展到中小企业，由制造业扩展到服务业。

（二）管理变革推动 ERP 发展进程

自 18 世纪产业革命以来，西方国家由手工作业进入机械作业的快速发展时期。企业管理也由经验管理时期进入到科学管理时期，企业在这个时期的运营目标是在尽可能少的人力、生产消耗下，寻求尽可能大的经营利润，即有效产出。由此使管理者面临着实现目标的一系列挑战：生产计划的合理性、生产成本的有效控制、设备的有效利用、车间作业的均衡安排、库存的合理性、财务状况的及时分析等。企业面临着异常激烈的市场竞争，管理实践推动了管理变革与创新。其中，管理者最头痛的问题是生产环节中的各种物料的积压与缺货的矛盾异常突出。物料的长期积压，造成了资金浪费，出现资金周转困难，影响企业正常经营；物料短缺，又会造成生产停顿，导致最终无法完成客户订单，严重的会失去老客户，使企业失去市场。物料问题给企业主、管理者造成直接困扰，要提高产出率，必须要解决物料不足、物料短缺的问题。

第一，传统的物料管理时代——订货点法。在 20 世纪 60 年代，制造企业物料库存控制的传统管理方法主要是采用 EOQ（Economic Order Quantity），这种方法最早是由 F·W·哈里斯在《工厂管理杂志》（1913）上提出的，它是基于某种特定物料的库存水平服从一种"锯齿型"模式的假设，根据企业物料的订货成本、储存成本和年需求量来计算企业每次订货的最佳批量，以求达到物料成本最小化。虽然这种方法是一种对所有库存的一般模型，但事实上该模型的实际应用受到多种因素制约，只适用于一些与其他零部件没有联系且需求能通过统计预测出来的库存物料的管理，但需求量本身又受到新产品的引入、产品的选择、零售点的增加等因素的影响。EOQ 也是一种被动管理模式，是采购好了物料等待生产，同时要求对物料年需求量的预测准确，如果企业生产不稳定，会引起保险储备量的增加，从而导致企业的总物料成本上升。

表 5-1　企业信息化阶段简表

阶段	企业经营目标与存在问题	问题提出	企业信息化阶段	理论基础
20 世纪 60 年代	降低存货成本 解决缺货问题 订货效率低	订货数量 订货时间	时段式 MRP	库存理论 MRP、BOM 期量标准
20 世纪 70 年代	计划偏离实际 手工作业计划	如何保障计划有效实施、及时调整	闭环 MRP	能力计划 车间作业计划 计划、实施、反馈、控制的循环
20 世纪 80 年代	追求竞争优势 各子系统缺乏有机联系	子系统的有效整合	MRP Ⅱ	系统集成 物流管理 决策模拟方法
20 世纪 90 年代	追求企业创新 适应市场环境变化	如何利用本土、全球资源	ERP	供应链管理 混合制造环境 事前控制
目前	追求可持续发展 适应企业生态链	如何具备全球战略管理能力	ERP 协同系统 BI	客户关系管理 商业智能分析技术 知识管理 电子商务 企业生态系统

20 世纪 30 年代初期，企业控制物料的需求通常采用控制库存物品数量的方法，为需求的每种物料设置一个最大库存量和安全库存量。最大库存量是因库存容量、库存占用资金的限制而设置的。安全库存量也叫最小库存量，即物料的消耗不能小于安全库存量。

20 世纪 40 年代初期，西方经济学家通过对库存物料随时间推移而被使用和消耗的规律进行研究，提出了订货点的方法和理论，并将其运用于企业的库存计划管理中。

为了避免出现物料短缺而影响生产的情况，则应该在安全库存量的基础上增加一定数量的库存，而不能等到物料的库存量消耗到安全库存量时才补充库存，因为物料的供应需要一定的时间（供应周期，如物料的采购周期、加工周期等），所以必须要有提前期。

若把在安全库存量的基础上增加的库存量作为物料订货期间的供应量，则就应满足这样的条件：当物料的供应到货时，物料的消耗刚好到了安全库存量。这种控制模型必须确定两个参数：订货点、订货批量。

这种模型在当时的生产环境下也起到了一定的作用，但随着市场的变化和产品复杂性的增加，它的应用受到了一定的限制。下面是订货点法应用的条件：①物料的消耗相对稳定；②物料的供应比较稳定；③物料的需求是独立的；④物料的价格不是很高。

订货点法受到许多条件的制约，而且不能反映物料的实际需求。企业往往为了满足生产需求而不断提高订货点的数量，而造成库存数量和库存物料资金占用的数量增加，从而导致产品成本升高，使企业缺乏市场竞争力。为此，在20世纪60年代中期，美国的管理专家约瑟夫·奥里奇（Joseph A. Orlicky）提出了"物料独立需求和相关需求"的学说，在此基础上，人们形成了"在需要的时候提供需要的数量"的认识，发展并形成了物料需求计划（MRP）的理论，即基本的MRP。

第二，物料需求时代MRP（Material Requirement Planing，物料需求计划）。在"物料独立需求和相关需求"的学说基础上，基本MRP提出物料的订货量要根据需求来确定，这种需求应考虑产品的结构（产品结构中物料的需求量是相关的），以实现"既要降低库存，又要不出现物料短缺"。

基本MRP主要解决间歇生产的生产计划和控制问题。在间歇生产的情况下，如何保证生产计划高效运行，保证及时供应物料以满足生产需要，是生产管理中的重要问题，这个问题解决不好，就会造成库存积压、物料短缺的情况。

MRP主要用于制造业，企业要从供应方买来原材料，然后把原材料进行加工或装配，制造出产品，销售给需求方。这也是制造业区别于金融业、商业、采掘业（石油、矿产）、服务业的主要特点。任何制造业的经营生产活动都是围绕其产品开展的，制造业的信息系统也体现了这种特点。MRP就是从产品的结构或物料清单（在食品、医药、化工行业则为"配方"）出发，实现了物料信息的集成。制造业的经营生产活动表现为一个上小下宽的锥状产品结构：其顶层是出厂产品，该产品是属于企业市场销售部门的业务；底层是采购的原材料或配套件，是企业物资供应部门的业务；介乎其间的是制造部件，是生产部门的业务。

MRP的基本功能是实现物料信息的集成，保证及时供应物料，降低库存，提高生产效率。物料需求信息由以下四个要素组成：①需要什么；②何时需要；③需要多少；④何时订货。

物料的需求信息、产品结构、采供提前期、库存信息是运行MRP的四项主要数据。这些数据的准确度决定了MRP的有效性。

APICS在1960年前后研制出了第一套物料需求计划MRP软件系统，代表了现代企业资源管理系统的初步形成。

MRP一般包含以下模块：①主生产计划（Master Production Schedule，MPS）模块；②物料需求计划（MRP）模块；③物料清单（Bill of Material，BOM）模块；④库存控制（Inventor Control）模块；⑤采购订单（Pufchasing Order）模块；⑥加工订单（Manufacturing Order）模块。

第三，生产资源时代——闭环MRP。基本MRP是建立在下面两个假设的基础上：一

是生产计划是可行的，即假定有足够的设备、人力和资金来保证生产计划的实现；二是采购计划是可行的，即有足够的供货能力和运输能力来保证完成物料供应。但在实际生产中，能力资源和物料资源总是有限的，因而往往会出现生产计划无法完成的情况。因此，为了保证生产计划符合实际，必须使计划适应资源，以保证计划的可行性，这就是闭环 MRP 的思想。

20 世纪 70 年代，闭环 MRP 在基本 MRP 的基础上，把需要与可能结合起来，通过能力与负荷的反复平衡，实现了一个完整的计划与控制系统。简单地说，闭环 MRP 的形成是在 MRP 基础上增加了能力需求计划，形成了"计划——执行——反馈——计划"的闭环系统，使系统能平衡生产计划与生产能力。

闭环 MRP 是一种保证产品既不出现短缺，又不积压库存的计划方法，解决了制造业所关心的缺件与超储的矛盾。所有 ERP 软件都把 MRP 作为其生产计划与控制的功能模块，MRP 是 ERP 不可缺少的核心功能。

第四，制造资源时代——MRP Ⅱ（Manufacture Resource Planing，制造资源计划）。MRP Ⅱ 是在 MRP 的基础上发展起来的反映企业生产计划和企业经济效益的信息集成系统。它是由美国著名的管理专家奥利弗·怀特（Oliver W. Wight）提出的一个新概念，由于它的英文缩写也是 MRP，为了便于区分，就称它为 MRP Ⅱ。

20 世纪 60 年代后期，世界上主要发达国家相继进入买方市场后，制造企业之间的竞争日趋激烈，越来越多的企业认识到先进的企业管理方法是在竞争中生存的基本因素。它们不断地尝试各种管理方法、管理技术和管理手段。一种可行的和成熟的管理技术或管理方法即 MRP Ⅱ 逐渐成为一种基本规范。经过三十多年的考验，MRP Ⅱ 成为现代制造企业公认的管理准则。它适用于小批量或单件生产结构复杂的企业。由于现代社会的个性化趋势，产品的开发生产逐步走向个性化、小批量、多品种的模式，使 MRP Ⅱ 的应用更加普及。

MRP Ⅱ 与 MRP 的主要区别就是 MRP Ⅱ 运用了管理会计的概念，实现物料信息同资金信息的集成，用货币形式说明了执行企业"物料计划"带来的经济效益。衡量企业经营效益，先要计算产品成本。描述产品成本的实际发生过程，要以 MRP 的产品结构为基础，从最底层采购件的材料费开始，逐层向上将每一件物料的材料费、人工费和制造费（间接成本）进行累计，得出每一层零部件直至最终产品的成本；再要进一步结合市场营销，分析各类产品的赢利性。MRP Ⅱ 把传统的账务处理同发生账务的事务结合起来，不仅说明账务的资金现状，而且追溯资金的来龙去脉。例如，将体现债务债权关系的应付账、应收账同采购业务和销售业务集成起来等。

MRP Ⅱ按照物料位置、数量或价值变化，来定义"事务处理（Transaction）"，使与生产相关的财务信息直接在生产活动过程中生成。在定义"事务处理"的相关会计科目之间，按设定的借贷关系，自动转账登录，保证了"资金流（财务账）"同"物流（实物账）"的同步和一致，改变了资金信息滞后于物料信息的状况，便于作出实时决策。

MRP Ⅱ软件由各种功能模块组成，模块的数量可能不同，各个模块的功能强弱不一，但是它们的逻辑结构基本一致。一般包括如下模块：①产品数据管理模块；②主生产计划模块；③物料需求计划模块；④库存管理模块；⑤能力需求模块；⑥销售管理模块；⑦采购模块；⑧车间作业管理模块；⑨财务管理模块；⑩质量管理模块。

这些模块结构上相互独立，但功能上相互依存。例如，产品数据管理（Product Data Management，PDM）模块将所有零件号、工艺规程、产品结构等有关数据存储在数据库中，以零件号为特征字段，用以建立物料清单、加工工艺过程及装配工艺过程，为其他模块提供原始数据的管理。

综上所述，MRP Ⅱ的基本思想就是把企业作为有机的整体，从整体最优的角度出发，通过运用科学的方法对企业各种制造资源和产、供、销、财各个环节进行有效的计划、组织和控制，使其协调发展，并充分发挥作用。

第五，企业资源时代——ERP（企业资源计划）。MRP Ⅱ仅能改变企业内部资源的信息流，但随着全球经济一体化的加速，企业与其外部环境的关系越来越密切，MRP Ⅱ已经不能满足需要。于是，不仅能处理企业内部资源信息流，还能处理与企业外部环境有关信息流，体现了按市场需求制造及供应链管理的思想的 ERP 软件系统应运而生。

ERP 还打破了 MRP Ⅱ只局限于传统制造业的旧观念，把"触角"伸向各个行业，特别是金融业、通信业、高科技产业、零售业等，大大扩展了应用范围。

ERP 是在 MRP Ⅱ基础工作了以下几个方面的改进：①融合其他现代管理思想和技术来完善自身系统，以提高系统的适应性和优化生产过程；②建立在 Internet/Intranet 基础上的网络系统，将人、财、物及信息结合为一体，充分发挥整体系统的效率；③通过把客户需求、企业内部制造活动和供应商资源整合在一起，形成完整的供应链。强调事前控制和系统集成，通过对供应链所有环节进行有效控制和管理，为企业提供质量、效益、客户满意度、环境变化等战略问题的分析。

ERP 是在 MRP Ⅱ的基础上发展起来的，建立在信息技术基础上，利用现代企业的先进管理思想，全面地集成企业的所有资源信息，并为企业提供决策、计划、控制与经营业绩评估的全方位和系统化的管理平台。

（三）ERP 的特点

ERP 是由美国加特纳公司（Gartner Group Inc。）在 20 世纪 90 年代首先提出的，随着时间的发展，ERP 至今已有了更深的内涵，概括起来主要有三方面特点，这也是 ERP 同 MRP Ⅱ 的主要区别。

首先，ERP 是一个面向供应链管理（Supply Chain Management）的管理信息集成。ERP 除了具备传统 MRP Ⅱ 系统的制造、供销、财务功能外，还增加了支持物料流通体系的运输管理、仓库管理；支持在线分析处理（On Line Analytical Processing，OLAP），实时准确地掌握市场需求；支持作为生产保障体系的质量管理；支持多种生产类型或混合型制造企业。

其次，采用计算机和网络通信技术的最新成就。网络通信技术的应用是 ERP 同 MRP Ⅱ 的又一个主要区别。ERP 系统除了已经普遍采用诸如图形用户界面技术（CUI）、SQL 结构化查询语言、面向对象技术（OOT）等技术之外，还采用了开放的不同平台互操作技术，加强了用户自定义的灵活性和可配置性功能。

最后，ERP 系统同企业业务流程重组（Business Process Reengineering，BPR）是密切相关的。为了提高企业供应链管理的竞争优势，必然要求企业业务流程、信息流程和组织机构改革。这项改革不仅限于企业内部，还包括供需链上的供需双方及其合作伙伴，系统考虑整个供需链的业务流程。ERP 系统应用程序使用的技术和操作必须能够随着企业业务流程的变化进行相应的调整。只有这样，才能把传统 MRP Ⅱ 系统对环境变化的"应变性（Active）"上升为 ERP 系统通过网络信息对内外环境变化的"能动性（Proactive）"。

企业能否实现 ERP 系统、什么时候实现，取决于企业的性质、规模及发展和经营战略的需要。但是无论如何，企业的信息化建设都离不开 ERP 系统。

（四）ERP 发展现状

ERP 的普及已经不存在技术上的难度，其难度更多的是在于相关人员对企业业务的理解和熟悉。ERP 是帮助企业提高管理效率、制订企业生产计划的基础工具。企业 CIO 要帮助企业做好企业资源计划安排，必须要运用到 ERP，尤其是制造型企业。据 2009 年 ITPUB 一份 ERP 的调查资料显示，国外 ERP 普及率已经达到 50.7%，可见 ERP 已在企业的应用中逐步得到认可。

同时，国内 ERP 的应用，对于大中型企业来说，企业领导对现代管理理念较熟，企业管理制度和管理的运行机制较为健全，基础设施完备，人员培训较为充分，所以大中型企业在实施 ERP 项目时遇到的阻力较小，而且容易克服。

相对来说，中小型企业在实施 ERP 项目时遇到的阻力会很大，从而极有可能使得 ERP 项目无法达到预想的效果，而且还有可能使得项目半途而废。这样，中小型企业不但不能从实施 ERP 项目中获益，反而会使 ERP 项目成为企业的包袱。

然而，一些企业在经过一段时间的 ERP 实践应用后，随着认识的深化及业务的需要，企业开始对 ERP 系统提出了更高、更深入的要求，企业不仅满足于 ERP 本身带来的效益，因此，企业要求要在原有的 ERP 系统上挖掘更大的价值，但令企业困惑的是不知该如何入手。ERP 的实施只是企业信息化的第一步，因为企业信息化是"没完没了"的工作，要随着市场的变化去调整，单一的 ERP 模式不能完全满足企业发展的需要。ERP 应用都已经到了深化应用的阶段。深化应用 ERP 是企业 ERP 应用和信息化进程中的转折点，也是每个企业都要面对和思考的实际问题。深化应用 ERP，战略理念要先行，核心是全面推动企业管理创新和实现企业跨越式发展。

（五）ERP 系统的功能架构

ERP 是将企业所有资源进行整合、集成管理，是将企业的三大流即物流、资金流、信息流进行全面一体化管理的管理信息系统。它的功能模块已不同于以往的 MRP 或 MRP Ⅱ 的模块，它不仅可用于生产性企业的管理，还可用于许多其他类型的企业，如非生产性企业、公益企业。这里我们将仍然以典型的生产性企业为例来介绍 ERP 的功能模块。

在企业中，一般的管理主要包括三方面的内容：生产控制（计划、制造）、物流管理（销售、采购、库存管理）和财务管理（会计核算、财务管理）。这三大系统本身就是集成体，它们互相之间有相应的接口，能够很好地整合在一起来对企业进行管理。另外，随着企业对人力资源管理重视的加强，人力资源管理已成为 ERP 系统的一个重要组成部分，ERP 的基本架构如图 5-1 所示。

图 5-1　ERP 的基本架构

1. 财务管理模块

企业中，清晰分明的财务管理是极其重要的。所以，在 ERP 整个方案中，它是不可或缺的一部分。ERP 中的财务模块与一般的财务软件不同，作为 ERP 系统中的一部分，它和系统的其他模块有相应的接口，能够相互集成。例如，它可将由生产活动、采购活动

输入的信息自动计入财务模块生成总账、会计报表，取消了输入凭证烦琐的过程，几乎完全替代以往传统的手工操作。一般的ERP软件的财务部分分为会计核算与财务管理两大块。

（1）会计核算。会计核算主要是记录、核算、反映和分析资金在企业经济活动中的变动过程及其结果。它由总账、应收账、应付账、现金、固定资产、多币制等部分构成。

①总账模块。它的功能是处理记账凭证输入、登记，输出日记账、一般明细账及总分类账，编制主要会计报表。它是整个会计核算的核心，应收账、应付账、固定资产核算、现金管理、工资核算、多币制等各模块都以其为中心来互相传递信息。

②应收账模块。是指企业应收的由于商品赊欠而产生的正常客户欠款账。它包括发票管理、客户管理、付款管理、账龄分析等功能。它和客户订单、发票处理业务相联系，同时将各项事件自动生成记账凭证，导入总账。

③应付账模块。会计里的应付账是企业应付购货款等账，它包括了发票管理、供应商管理、支票管理、账龄分析等。它能够和采购模块（T）、库存模块（T）完全集成以替代过去烦琐的手工操作。

④现金与票据管理模块。它主要是对现金流入、流出的控制以及对零用现金及银行存款的核算。它包括了对硬币、纸币、支票、汇票和银行存款的管理。在ERP（T）中提供了票据维护、票据打印、付款维护、银行清单打印、付款查询、银行查询和支票查询等和现金有关的功能。此外，它还和应收账、应付账、总账等模块（T）集成，自动产生凭证，过入总账。

⑤固定资产核算模块。此模块完成对与固定资产的增减变动以及折旧有关基金的计提和分配的核算工作。它能够帮助管理者对目前固定资产的现状有所了解，并能通过该模块（T）提供的各种方法来管理资产，以及进行相应的会计处理。它的具体功能（T）有：登录固定资产卡片和明细账、计算折旧、编制报表以及自动编制转账凭证，并转入总账。它和应付账、成本、总账模块（T）集成。

⑥多币制模块。这是为了适应当今企业国际化经营，对外币结算业务的要求增多而产生的。多币制将企业整个财务系统的各项功能（T）以各种币制来表示和结算，且客户订单、库存管理及采购管理等也能使用多币制进行交易管理。多币制和应收账、应付账、总账、客户订单、采购等各模块（T）都有接口，可自动生成所需数据。

⑦工资核算模块。自动进行企业员工的工资结算、分配、核算以及各项相关经费的计提。它能够登录工资、打印工资清单及各类汇总报表，计算、计提各项与工资有关的费用，自动做出凭证，导入总账。这一模块（T）是和总账、成本模块（T）集成的。

⑧成本模块。它将依据产品结构、工作中心、工序、采购等信息进行产品的各种成本的计算，以便进行成本分析和规划。还能用标准成本或平均成本法按地点维护成本。

（2）财务管理。财务管理主要是指资金的规划、投资、融资等理财活动。财务管理的功能主要是基于会计核算的数据，再加以分析，从而进行相应的预测、管理和控制活动。它侧重于财务计划、控制、分析和预测。

①财务计划。它根据前期财务分析作出下期的财务计划、预算等。

②财务分析。它提供查询功能（T）和通过用户定义的差异数据的图形显示进行财务绩效评估、账户分析等。

③财务决策。它是财务管理的核心部分，中心内容是做出有关资金的决策，包括资金筹集、投放及资金管理。

2. 生产控制管理模块

生产控制管理模块是 ERP 系统的核心所在，它将企业的整个生产过程有机地结合在一起，使得企业能够有效地降低库存，提高效率。同时，各个原本分散的生产流程的自动连接，也使得生产流程能够前后连贯地进行，而不会出现生产脱节，耽误生产交货时间。生产控制管理是一个以计划为导向的先进的生产、管理方法。企业先确定一个总生产计划，再经过系统层层细分后，下达到各部门去执行，即生产部门以此生产，采购部门按此采购等。

（1）主生产计划。它是根据生产计划、预测和客户订单的输入来安排将来的各周期中所需要提供的产品种类和数量，它将生产计划转为产品计划，是在平衡了物料和能力的需要后，精确到时间、数量的详细的进度计划。它是企业在一段时期内的总活动的安排，是一个稳定的，以生产计划、实际订单和对历史销售分析得来的预测产生的。

（2）物料需求计划。它是在主生产计划决定生产最终产品的数量后，再根据物料清单，把整个企业要生产的产品的数量转变为所需生产的零部件的数量，并对照现有的库存量，可得到还需加工多少，采购多少的最终数量。这是整个部门真正依照的计划。

（3）能力需求计划。它是在得出初步的物料需求计划之后，将所有工作中心的总工作负荷，在与工作中心的能力平衡后产生的详细工作计划，用以确定生成的物料需求计划是否符合企业生产能力。能力需求计划是一种短期的、当前实际应用的计划。

（4）车间控制。这是随时间变化的动态作业计划，是将作业分配到具体各个车间，再进行作业排序、作业管理、作业监控。

（5）制造标准。在编制计划中需要许多有关生产的基本信息，这些基本信息就是制造标准，包括零件代码、物料清单、工序和工作中心，都用唯一的代码在计算机中识别。

①零件代码。它对物料资源进行管理，对每种物料给予唯一的代码识别。

②物料清单。它是定义产品结构的技术文件，用来编制各种计划。

③工序。它描述加工步骤及制造和装配产品的操作顺序，含加工工序顺序，指明各道工序的加工设备及所需要的额定工时和工资等级等。

④工作中心。它是由使用相同或相似工序的设备和劳动力组成的，从事生产进度安排、核算能力、计算成本的基本单位。

3. 销售管理模块

销售管理是从产品的销售计划开始，对销售的产品、销售地区、销售客户各金额、利润、绩效、客户服务做出全面的信息的管理和统计，并可对销售数量进行分析。它有三个方面的功能：

（1）对客户信息的管理和服务。它能建立一个客户信息档案，对其进行分类管理，进而对其进行有针对性的客户服务，以达到最高效率地保留老客户、争取新客户。最近新出现 CRM 软件，即客户关系管理。如果 ERP（T）能与它相结合必将大大增加企业的效益。

（2）对于销售订单的管理。销售订单是 ERP（T）的入口，所有的生产计划都是根据它下达并进行排产的。而销售订单的管理贯穿了产品生产的整个流程。它包括以下几方面的内容：①客户信用审核及查询（客户信用分级，来审核订单交易）；②产品库存查询（决定是否要延期交货、分批发货或用代用品发货等）；③产品报价（为客户做不同产品的报价）；④订单输入、变更及跟踪（订单输入后，可进行变更或修正以及订单的跟踪分析）；⑤交货期的确认及交货处理（决定交货期和进行发货事务安排）。

（3）对销售的统计与分析。它是指系统根据销售订单的完成情况，依据各种指标做出统计，比如客户分类统计，销售代理分类统计等，再就这些统计结果来对企业实际销售效果进行评价。它包括以下三方面内容：①销售统计（根据销售形式、产品、代理商、地区、销售人员、金额、数量来分别进行统计）；②销售分析（包括对比目标、同期比较和订货发货分析，来从数量、金额、利润及绩效等方面作相应的分析）；③客户服务（客户投诉记录，原因分析）。

4. 库存管理模块

库存管理用来控制存储物料的数量，以保证稳定的物料来支持正常的生产，但又最小限度地占用资本。它是一种相关的、动态的及真实的库存控制系统。它能够结合、满足相关部门的需求，随时间变化动态地调整库存，精确地反映库存现状。这一系统的功能包括以下三个方面：①为所有的物料建立库存，决定何时订货采购，同时，作为交予采购部门采购、生产部门作生产计划的依据；②订购物料，物料经过质量检验入库，生产的产品也同样要经过检验入库；③收发料的日常业务处理工作。

5. 采购管理模块

采购管理确定合理的订货量、优秀的供应商和保持最佳的安全储备。能够随时提供订购、验收的信息，跟踪和催促外购或委外加工的物料，保证货物及时到达。建立供应商的档案,用最新的成本信息来调整库存的成本。具体功能有以下几方面:①供应商信息查询(查询供应商的能力、信誉等)；②催货（对外购或委外加工的物料进行跟催）；③采购与委外加工统计（统计、建立档案、计算成本）;④价格分析（对原料价格分析、调整库存成本）。

6. 人力资源管理模块

以往的 ERP（T）系统基本上都是以生产制造及销售过程（供应链）为中心的。因此，长期以来企业一直把与制造资源有关的资源作为企业的核心资源来进行管理。但近年来，企业内部的人力资源开始越来越受到企业的关注,被视为企业的资源之本。在这种情况下，人力资源管理作为一个独立的模块（T）被加入到了 ERP（T）的系统中来，和 ERP（T）中的财务、生产系统组成了一个高效的、具有高度集成性的企业资源系统。它与传统方式下的人力资源管理有着根本的不同。

（1）人力资源规划的辅助决策。对于企业人员、组织结构编制的多种方案，进行模拟比较和运行分析，并辅之以图形的直观评估，辅助管理者做出最终决策。

制定职务模型，包括职位要求、升迁路径和培训计划，根据担任该职位员工的资格和条件，系统会提出针对本员工的一系列培训建议，一旦机构改组或职位变动，系统会提出一系列的职位变动或升迁建议。

进行人员成本分析，可以对过去、现在、将来的人员成本做出分析及预测，并通过 ERP（T）集成环境，为企业成本分析提供依据。

（2）招聘管理。招聘系统一般从以下几个方面提供支持：①进行招聘过程的管理，优化招聘过程，减少业务工作量；②对招聘的成本进行科学管理，从而降低招聘成本；③为选择聘用人员的岗位提供辅助信息，并有效地帮助企业进行人才资源的挖掘。

（3）薪酬管理。能根据公司跨地区、跨部门、跨工种的不同薪资结构及处理流程制定与之相适应的薪资核算方法；与时间管理直接集成，能够及时更新，对员工的薪资核算动态化;回算功能（T），即通过和其他模块（T）的集成，自动根据要求调整薪资结构及数据。

（4）考勤管理。根据本国或当地的日历,安排企业的运作时间以及劳动力的作息时间表；运用远端考勤系统，可以将员工的实际出勤状况记录到主系统中，并把与员工薪资、奖金

有关的时间数据导入薪资系统和成本核算中。

（5）差旅管理。系统能够自动控制从差旅申请、差旅批准到差旅报销整个流程，并且通过集成环境将核算数据导进财务成本核算模块中去。

图 5-2 说明的是 ERP 的基本架构，实际的 ERP 系统架构的复杂性远超于此，而且每个企业的 ERP 系统都有一定特色。另外，中小企业的 ERP 系统架构与大企业 ERP 系统的架构也有很大的不同。中小企业 ERP 系统一般比较紧凑，主要突出供应、生产、销售与财务等环节。

三、ERP 与现代管理思想

回顾 ERP 的起源及发展历史，我们可以看到，计算机信息技术只是 ERP 的表现形式和技术支撑，真正的核心是管理思想；管理思想是 ERP 的灵魂，不能正确认识 ERP 的管理思想就不可能很好地去理解 ERP。ERP 管理思想主要体现在以下几个方面：

（一）对整个供应链资源的管理

在知识经济时代仅靠自己企业的资源不可能有效地参与市场竞争，还必须把经营过程中的有关各方（供应商、制造工厂、分销网络、客户等）纳入一个紧密的供应链中，才能有效地安排企业的产、供、销活动，满足企业利用全社会一切市场资源快速、高效进行生产经营的需求，以进一步提高效率，并在市场中获得竞争优势。供应链从整个市场竞争与社会需求出发，实现了社会资源的重组与业务的重组，大大改善了社会经济活动中物流与信息流运转的效率和有效性，消除了中间冗余的环节，减少了浪费，避免了延误。而以供应链管理为核心的 ERP 系统，适应了企业在知识经济时代、市场竞争激烈环境中生存与发展的需要，给有关企业带来了显著的效益。

（二）精益生产和敏捷制造

ERP 系统支持对混合型生产方式的管理，其管理思想表现在两个方面：一是"精益生产（Lean Production）"思想，即企业按大批量生产方式组织生产时，把客户、销售代理商、供应商、协作单位纳入生产体系，企业同其销售代理、客户和供应商的关系，已不再是简单的业务往来关系，而是利益共享的合作伙伴关系，这种合作伙伴关系组成了一个企业的供应链。二是"敏捷制造（Agile Manufacturing）"思想，即当市场发生变化，企业遇有特定的市场和产品需求时，企业的基本合作伙伴不一定能满足新产品开发生产的要求，这时，企业会组织一个由特定的供应商和销售渠道组成的短期或一次性供应链，形成"虚拟工厂"，把供应和协作单位看成企业的一个组成部分，运用"同步工程"组织生产，用最短的时间将新产品打入市场，时刻保持产品的高质量、多样化和灵活性。

（三）客户为中心

在以客户为中心的市场经济时代，企业关注的焦点逐渐由产品转移到客户。由于需要将更多的注意力集中到客户身上，关系营销、服务营销等理念层出不穷。与此同时，信息科技的长足发展从技术上为企业加强客户关系管理提供了强有力的支持。ERP系统在以供应链为核心的管理基础上，增加了客户关系管理后，将着重解决企业业务活动的自动化和流程改进，尤其是在销售、市场营销、客户服务和支持等与客户直接打交道的前台领域。客户关系管理（CRM）能帮助企业最大限度地利用以客户为中心的资源（包括人力资源、有形资产和无形资产），并将这些资源集中应用于现有客户和潜在客户身上。其目标是通过缩短销售周期，降低销售成本，通过寻求扩展业务所需的新市场和新渠道，并通过改进客户价值、客户满意度、盈利能力以及客户的忠诚度等方式来改善企业的管理。

（四）事先计划与事中控制

ERP系统中的计划体系主要包括主生产计划、物料需求计划、能力计划、采购计划、销售执行计划、利润计划、财务预算和人力资源计划等，而且这些计划功能与价值控制功能已完全集成到整个供应链系统中。另外，ERP系统通过定义与事务处理相关的会计核算科目与核算方式，以便在事务处理发生的同时自动生成会计核算分录，保证了资金流与物流的同步记录和数据的一致性，从而可以根据财务资金现状，追溯资金的来龙去脉。

（五）与电子商务的全面整合

随着网络技术的飞速发展和电子化企业管理思想的出现，ERP也进行着不断地调整，以适应电子商务时代的来临。网络时代的ERP将产生使企业适应全球化竞争所引起的管理模式的变革，它采用最新的信息技术，呈现出数字化、网络化、集成化、智能化、柔性化、行业化和本地化的特点。

电子商务时代的ERP将围绕如何帮助企业实现管理模式的调整以及如何为企业提供电子商务解决方案。它支持敏捷化企业的组织形式（动态联盟）、企业管理方式（以团队为核心的扁平化组织结构方式）和工作方式（并行工程和协同工作），通过计算机网络将企业、用户、供应商及其他商贸活动涉及的职能机构集成起来，完成信息流、物流和价值流的有效转移与优化，包括企业内部运营的网络化、供应链管理、渠道管理和客户关系管理的网络化。电子商务时代的ERP系统还将充分利用网络技术及信息集成技术，将供应链管理、客户关系管理、企业办公自动化等功能全面集成优化，以支持产品协同商务等企业经营管理模式。

四、ERP 展望

全球经济的起伏变化对企业的经营运作产生了巨大的影响，同时，信息技术的迅猛发展为 ERP 提供了强有力的技术基础，这一切都为 ERP 提供了巨大的发展空间。

（一）扩展性

ERP 的管理范围更广泛，呈现行业化的趋势，即针对每一行业的特点，提供特有的解决方案。同时，激烈的市场竞争迫使企业必须快速、准确地做出决策，面对这一情况，ERP 在深度上便呈现智能化的趋势。

1. 行业化

（1）制造业。机械工业具有多品种、小批量与全球化生产趋势，质量保证体系须遵循 ISO9000 体系，对售后服务有较高的要求。相应地，ERP 系统提供产品数据管理，基于规则的产品配置管理、工程更改管理以保证多品种的产品要求；在生产上提供供应链管理、精益生产、KANBAN 技术以及质量管理，以实现满足 ISO9000 要求的小批量全球化生产。同时，客户服务管理功能提供产品售后跟踪记录，代理维修商管理。

消费品工业的竞争体现在品牌、价格、成本、质量和速度上面。ERP 系统的客户关系管理 CRM、高级定价策略，将为企业提高产品品牌知名度、制定最具竞争力的价格以扩大市场，提供有效的手段。同时，ERP 系统的质量管理、快速补充供货管理、高级运输管理、仓库管理及电子贸易等功能将为企业提供高效的后勤管理体系，以更低的成本、更快的速度、更好的质量面对激烈的市场竞争。

（2）服务业。随着全球产业结构的改变，各国 GDP 当中农业、制造业与服务业的构成比例也发生了巨大变化，尤其是发达国家的产业发展趋势更为明显，如美国近年来服务业在 GDP 当中的比例提升至 80%，日本为 60%。可见，发展服务业的重要性不言而喻。在服务业当中，如金融证券业、商贸、新兴的资讯业等发展迅速。根据观察，这些行业与计算机信息技术的结合非常紧密，传统管理模式已无法适应，需要进行管理模式的不断创新。而 ERP 正好是适应创新管理模式的最好典范，在服务业导入 ERP 已经取得了巨大成功。服务业导入 ERP，也是 ERP 本身的一种创新，因为，ERP 的前身 MRP II 在过去只是适合制造业的一种管理模式，现在 ERP 拓展了应用范围，应该说也是一种管理模式的创新。

2. 商业智能（BI）

随着软件、硬件技术近年来的快速发展，以及业务环境对智能化提出的要求，目前 ERP 系统已在智能化方面迈出了可喜的一步，并将持续发展下去。

实施智能化需要有正确的数据，并将这些面向作业的数据转化为面向分析的数据，然后从这些面向分析的数据中提取、分析和发掘其蕴涵的规律。相应地，ERP 系统提供了数据仓库、在线分析 OLAP（On-Line Analysis Process，OLAP）及数据挖掘（Data Mining）三项技术来完成提取、分析和发掘这三项工作，即 BI（商业智能）。

BI（商业智能）就是通过应用基于事实的支持系统来辅助商业决策的制定。商业智能通常被理解为是将企业中现有的数据转化为知识，帮助企业做出明智的业务经营决策的工具。这些数据包括来自企业业务系统的订单、库存、交易账目、客户和供应商等，来自企业所处行业和竞争对手的数据以及来自企业所处的其他外部环境中的各种数据。而商业智能能够辅助业务经营决策，既可以是操作层的，也可以是战术层和战略层的。

中小企业对 BI 的需求是很迫切的，尤其是那些处在成长期的中小企业，获得市场的竞争优势能够帮助他们领先对手，这一切都离不开现代企业决策支持系统 BI，但是，BI 不能信手拈来，需要一个成熟的 ERP 作为支撑。

（二）技术先进性

1. 以网络为中心的计算技术体系

20 世纪 90 年代后期，作为 ERP 系统底层的技术支撑体系开始了一场新的革命。Gartner Group 对此的评论是"1997 年的网络计算模式像 1991 年的客户 / 服务器模式掀起的革命一样，并将更有力地席卷整个市场……"同样的，其他各知名评论机构对此均做出热烈的响应，AMR 提出了"网络业务对象——NBO（Network Business Object）"，Hurwitz 提出了"Hyper—Tier"的概念，等等。所有这一切都预示着以网络为中心的计算技术体系取代传统的客户 / 服务器体系的时代已经到来，而 ERP 领域的著名提供商 J. D. Edwards 公司提出的可配置网络计算技术体系 CNC（Configurable Network Computing）则是这一概念在 ERP 领域的典型代表，它有如下特点：①以网络为中心的计算模式。传统的客户 / 服务器体系中的设备资源一旦安装好后，其担负的角色便固定下来，服务器只能作服务器用，客户机只能做客户机用。由于这种限制，其中的某一关键环节如数据库服务器一旦出现问题，则会导致整个体系的瘫痪。而采用 CNC 技术，整个网络上的资源在 ERP 系统安装后仍可灵活配置，各种设备的角色可以互换，大大提高了整个体系的可靠性，同时任务可按负荷大小进行重新分配，动态分布，增加了各设备的利用率，提高了系统的运行效率，也使系统面对外界变化的适应性大大增强。②业务应用同技术体系分离。由于 CNC 技术采用了中间件技术（Middle-ware）并提供集成的开发工具（Toolset），用户或系统分析员不需要了解底层的数据库、操作系统以及网络协议等烦琐的细节。利用开发工具提供的可视化设计等功能，在无须编写源代码的情况下就可生成新的应用功能，并且这一新的功能可在多种平台上运行。这样业务人员面对不断变化的业务环境，能迅速地将新的业务模式注入 ERP 系统中，真正做到业务环境与信息系统同步运作。③伴随企业共同成长。由于 CNC 具备动态的数据与逻辑的分布配置功能，企业可根据业务发展的不同阶段，应用从主机为中心（Host-Centric）到客户机（Thin-Client）配置的不同运作模式，或多种运作模式的并存。同时，可在原有的基础上集成最新的技术，如网络技术等，做到真正的 N-Tier，运作模式，因此它可伴随企业共同成长。

2. 网络技术

网络技术已经历了多年的独立发展，随着这一技术的日益成熟及其所具有的便捷、易用、普及、方便等特点，将在 ERP 系统中的以下领域扮演重要角色。

（1）电子店面（Electronic Store Fronts）。企业可将网络作为产品的陈列柜来展示其产品，并利用信用卡进行交易。

（2）一对一的交易（One-to-One Marketing）。基于网络的面向服务的应用功能在跟踪用户的个人倾向、交易历史的基础上为用户提供更具个性化的服务。

（3）销售自动化（Sales Force Automation）。为奔波中的销售人员提供有力的销售工具，提高效率并缩短销售周期。

（4）自助服务（Self-Service Modules）。为用户提供直接的查询功能，如账户余额查询、产品发货情况查询号等，使沟通渠道更为畅通。

3. 事件驱动的对象技术

为了适应业务环境不断变化而对应用系统提出的高效、可靠的要求，J. D. Edward公司率先采用了事件驱动的对象技术。这一技术包括两部分内容：事件驱动的编程（Event Rule Programming）与基于对象的业务规则（Object-based Business Rules）。

（1）事件驱动的编程。相对于传统的过程化编程（Procedural Programming），事件驱动编程方法将应用系统的控制权掌握于用户手中，而不是让用户跟着预先定好的应用模式走。因此它将给用户带来如下优势：①用户可根据实际业务情况决定处理过程而不是被限制于系统预先设置的过程；②系统更加易学易用，并且有较高的处理效率；③一旦实际业务情况有所变动，系统有足够的柔性以适应新的变化。

（2）基于对象的业务规则。J. D. Edwards 公司的 ERP 系统 One World 应用系统是由众多可重复使用的、封装的业务规则对象组合而成的。这些业务规则对象根据一定的业务要求组合起来，并由特定的业务事件驱动，便可灵活地完成众多的业务活动，而同时又具备下述优点：①再用性。每个基于对象的业务规则都具有封装性，可完全独立地完成指定的功能，因此，任何需要此项功能的业务过程都可调用这一业务规则，大大简化系统的编码复杂程度。以 J. D. Edwards 的 One World TM 产品为例，采用了这一技术后，程序编码由原来的 12.6 百万行减少到 2 百万行，可再用性达到 100%。②可开发性。面对动态变化的业务环境，通过事件驱动的编程方法，利用已有的基于对象的业务规则，便可迅速建立新的功能，大大提高系统的适应能力。

（三）灵活性

20 世纪 90 年代初哈默（Michael Hammer）提出了"业务流程重组——BPR"的概念。这一理论强调在成本、质量、服务和速度方面取得显著的改善，使企业能最大限度地适应以顾客（Customer）、竞争（Competition）和变化（Change）（简称"3C"）为特征的现代企业经营环境。在做法上 BPR 强调一步到位，让企业打破旧有管理规范，再造新的管理程序。经过十多年的探索，一些跨国大公司在 BPR 理论指导下获得了成功。但由于 BPR 推崇企业在管理上效仿行业最佳模式，一步到位实施改革，因此，对于大多数要赶上或超越行业领导者的企业，一味地效仿并不能达到目的，因此，3/4 的 BPR 项目都归于失败。

目前一个新的概念"业务流程迭代——BPI（Business Process Interaction，BPI）"正在全球兴起。这一理论强调企业面对"3C"，应持续不断地改进，因此可称为"持续的 BPR"。基于这一看法，ERP 系统的实施也是一个连续不断的进程，即使在 ERP 系统实施完成后，也要保持足够的灵活性，使得企业在面对新的机遇时，ERP 系统可以迅速地支持企业将新的设想付诸行动。为了适应这种趋势，ERP 系统本身应具备在实施中及实施后的灵活性，J. D. Edwards 公司推出的 ActivEra 则是这一趋势的领导者。IDC 评论认为"J. D. Edwards 的 ActivEra 是目前新一代 BPR 应用的典型代表"。

综观 ERP 领域的上述三大发展趋势，新一代的 ERP 系统已展现在我们面前，这就是集扩展性、技术先进性与灵活性为一体的 ERP 系统。它使企业在面对以顾客（Customer）、竞争（Competition）和变化（Change）为特征的现代企业经营环境时，能够从容不迫地从 ERP 系统中获取决策依据，作出准确及时的决策后，迅速由 ERP 系统将决策理念付诸行动。

第二节　ERP 对于会计电算化的意义

一、ERP 系统的主要特点

（一）管理信息集成的系统

信息的采集、处理和报告方面，有专人负责，责任明确，没有冗余的信息采集和处理工作，从而保证了信息的及时性、准确性和完整性；在范围上，集成了供给链所有环节的各类信息；在时间上，集成了历史的、当前的和未来预期的信息；信息获取方面，各种管理信息均来自统一的数据库，既为各有关部门管理人员所共享，又有使用权限和安全保密措施；决策的协同方面，企业各部门按照统一数据库所提供的信息和管理事务处理的准则进行管理决策，实现企业的总体经营目标。

（二）实时整合的系统

由于系统集成的特点，上述十大系统相互协同，共同完成企业生产经营的各项活动，实现信息共享。一方面，企业的各项业务的处理均通过无缝链接的 ERP 系统实时处理，如材料采购业务，由供应部门根据计划请购，批准后向供货商采购，企业通过运输部门取得材料，然后验收入库，同时企业通过系统向银行发出付款通知，供货方收取货款；另一方面，请购、批准、采购、运输、付款、验收等各环节由一体化的系统按规定进行，从而实现了"物流""信息流""资金流"的"三流合一"，因此，ERP 是整合了企业管理理念、业务流程、基础数据、人力物力、计算机硬件和软件于一体的企业资源管理系统。

（三）复杂的系统

一方面表现为 ERP 系统集现代多种管理理念、多种信息技术于一体，是在 MRP 工作（Manufacturing Resources Planning，"制造资源计划"）基础上进一步发展而成的面向供应链（Supply Chain）的管理思想，综合应用了客户机 / 服务器体系、关系数据库结构、面向对象技术、图形用户界面、第四代语言（4GL）、网络通讯等信息产业成果；另一方面，ERP 系统从学科角度分析，它涉及管理学、经济学、计算机科学、理学、工学等多个学科，涉的课程更是多达十多门，如管理原理、战略管理、市场营销、电子商务、国际贸易、金融学、货币银行学、生产管理、人力资源管理、会计学原理、财务会计、财务管理、管理会计、计算机应用基础、计算机数据库管理系统、市场预测与决策等，可见 ERP 系统是一种复杂的系统管理平台。

二、ERP 与会计电算化

不管 ERP 如何发展，财会信息是资金流，是经营成果和经营效率的最终反映，因而财务信息系统一直是各企业实施 ERP 时关注的核心模块和职能，其他模块都是为财务模块服务并提供数据，是财会管理的对象和重点。可见，ERP 培训中财务会计信息系统教学的重要性，同时由于 ERP 系统本身的特点，它不同于传统的财务软件的教学，因此，为了培养适合 ERP 时代要求的会计信息化人才，必须克服上述种种不足，对当前的会计信息化教学进行改革。

（一）ERP 系统核心系统的观念

一方面，要充分认识到 ERP 系统是由若干个子系统集成的管理信息系统，财务会计系统是实现"三流合一"的核心子系统，是 ERP 系统的重要组成部分；另一方面，ERP系统更是代表和反映一种先进的管理理念和一种科学的管理方法，为此，各子系统只有相互协调、相互渗透充分发挥其功能，才能体现这种管理哲学和运用这种管理方法。因而，在教学中不仅要确立财务会计系统的核心地位，同时必须将会计电算化教学放在 ERP 环境下组织和开展，不应就会计论会计而人为地将实际企业中本来就与其他子系统相互交融在一起的会计管理隔离开来。

（二）改革会计电算化课程体系

随着 ERP 管理理念和管理方法为许多企业所认同，已迫切需要一大批既懂企业业务流程再造又懂企业综合管理（包括财务、会计管理）的复合型创新型人才。这就要求当前的会计电算化课程体系设置上更多地从 ERP 应用视角来考虑，按照 ERP 系统特点，ERP环境下会计电算化课程体系应加强计算机技术、网络技术及企业管理、生产管理、人力资源管理、电子商务、供应链管理、市场预测与决策等相关课程的设置。具体按照前导课程与后续课程的关系可设置计算机应用基础、管理原理、FOXPRO 语言及程序设计、统计学、网络营销学、国际贸易、管理信息系统、网络技术基础、电子商务概论、生产管理、供应链管理、市场预测与决策、商业银行结算、计算机会计理论、会计软件开发与维护实例、ERP 中财务软件运用。这样，学生可以全面把握企业人、财、物资源如何调度，即真正掌握供、产、销、研发、财务、人事、设备、后勤等企业内各部门与供应商、客户、政府部门、投资者、银行等外部利益相关者之间如何协同的知识，达到"解剖企业"的目的，提

高 ERP 系统运用的能力。

（三）改善会计电算化实验条件

首先，建立专门的 ERP 实验室。该实验室应配备足量的电脑，安装包括会计实验、管理实验、电子商务、金融实验、ERP 实验在内的管理应用软件系统，特别是会计实验要放在 ERP 环境下组织，不要再像传统会计电算化教学只侧重于会计核算软件运用的教学。

第二，不断提高会计电算化实验师资的 ERP 应用能力。目前，一方面我国高校专门的 ERP 专业很少，培养的 ERP 人才还不能满足 ERP 运用的实际需要；另一方面，很多 ERP 实验师资大多出身自会计电算化、管理实验和计算机软件运用专业，从会计电算化教学适应 ERP 实践来看，会计电算化教师存在"重会计核算、轻会计管理""重单个会计软件、轻集成管理信息系统"运用的现象，这种现象不利于我国 ERP 人才培养。因此，要不断提高会计电算化实验师资的 ERP 运用的积极性和主动性，更要提高他们的运用能力。

最后，建立网上 ERP 实验系统。由于计算机系统是一个可共享的人机交互系统，如仅满足以上几门课实验之需，势必造成实验资源的浪费，故许多财经实验室均在日常教学之余向广大学生开放，为了确保实验系统的安全，系统中安装了还原精灵（系统在重新启动后就恢复到开机前状态），这样，会计电算化实验数据不易保存，另一方面，ERP 实验成果需要一步一步分次实验才能完成，因此，通过建立网上实验系统，将数据保存在教师机或服务器上，从而确保下一次实验的连贯性。

（四）改进教学方法

第一，实施案例教学。ERP 系统是由若干个子系统有机组成的一个复杂的系统，各子系统都实现某一方面的功能，既相互独立又相互关联，因此，可以将整个系统按各子系统功能设计成一个个案例，这样学生实验目标明确，又有阶段性成果，从而调动学生实验的积极性和提高实验教学效果。第二，分工协作实验。ERP 环境中各项工作是一个整体协作的系统，计划、采购、生产、销售、人事、设备、研发、财务、会计等可以在一个虚拟企业的框架下通过分工分别担当不同的角色共同完成。从而体验各部门、各环节、各层次之间的既分工又协作的整体功能。第三，试行 ERP 项目教学法。集中一段时间由精通各功能模块的一名或几名实验教师分别进行教学，从而取得满意的效果。

（五）加强会计电算化教学培训管理

会计电算化教学培训特别是财经院校的教学组织与管理，一方面加强教学管理的制度建设，强化教学过程中的督导；另一方面建立健全用人单位评价机制，以实现会计电算化教学事前、事中和事后的全过程管理，确保教学质量。

综上所述，ERP 是企业管理信息化发展的一种选择，也是会计电算化系统走向开放的必由之路，因此，会计电算化教学要适应企业管理信息化发展的潮流，从 ERP 视角来审视和组织，更重要的是抓住管理信息化变革的机遇，不断促进会计电算化教学的创新。

三、ERP 对于会计电算化的意义

20 世纪后半叶，伴随着计算机和信息技术的高速发展与普及，会计电算化在我国取得了长足发展。相对发达国家而言，我国的会计电算化虽然起步较晚，但其发展速度却相当迅速，会计电算化的应用已经从贵族到大众化。纵观二十多年来的发展，我国会计电算化正在从"各自为政"的状态向"统一规划、统一领导"的方向转化；会计核算软件正从分散的"闭门造车"式的开发，向建立完善的会计核算软件商品市场的方向转化；并向建立会计信息中心，实现"数出一门，资料共享"方面转化。我国会计电算化工作取得的成绩是巨大的，但为了使其更好地服务于国家、企事业单位的经济工作，会计电算化仍须向纵深发展。

从 2004 年开始，我国的用友、金蝶等软件公司推出了 ERP 软件，实现了物流、资金流和信息流管理的一体化，会计电算化只是作为 ERP 软件的一部分，为企业信息化提供了技术基础。在这种发展趋势下，传统意义上的会计电算化将不复存在，取而代之的是在全面企业管理中的财务管理模块，原有的单一财务软件已不能满足企业经营管理的需要。企业管理材料的采购、销售、存货的管理到会计核算、应收应付款的管理，以及企业固定资产、流动资金和成本费用的管理，财务分析预测等实现一体化，进而实现对整个企业资源的规划和管理。会计电算化系统是企业信息系统的一个重要组成部分，应当从企业信息化建设的高度，立足于企业整体来定位其发展方向。在纵向上，会计电算化信息系统不再局限于提供传统的核算型财务信息，而是要向 MIS、DSS 层次发展，为企业的管理和决策提供更为完备的信息支持；在横向上，会计电算化信息系统应当立足于整个企业的信息需求，统一规划和实施，和企业内部其他信息系统融合在一起，成为整个企业信息系统的一个组成部分。从企业实施一套 ERP 方案的视角来看，集成化的思路是管理会计电算化系统发展的根本方向。通过 ERP 系统全面整合包括会计电算化系统在内的企业各个管理子系统，会计电算化系统在整个大系统内具有相对独立性，同时和其他子系统保持数据的交换和共享。在这个大系统中，会计电算化系统和其他子系统之间高度集成，真正实现物流、资金流和信息流的统一。现有的会计电算化要逐步向 ERP 软件发展，才能适应企业信息化管理的需要。

随着高新技术在生产和生活中广泛的运用和发展，会计信息处理技术与企业管理活动日益紧密地结合，会计数据处理已由单纯地以"处理"为中心转化为对"信息"的高质量和高时效的追求。因特网的出现和日益普及，以及我国经济的高速发展，企业组织规模的大型化，企业管理的高效化和全球经济的一体化，已经预示着中国会计电算化新一场革命的到来。会计电算化应该是全面面向企业信息化，与企业的人、财、物、产、供、销的协调运转相适应的企业管理信息化。

ERP 系统体现了先进的财务会计、管理会计和成本管理思想，能够满足信息使用者的多样化信息需求。ERP 中的财务系统是集成的、面向管理和决策的财务系统，它实现了从对财务信息的事后反映到对财务管理和决策的实时支持、从封闭的单一财务管理到集成的全面企业管理的转变。因此 ERP 将是我国会计电算化发展的必然趋势。

随着信息技术和经济一体化的飞速发展，当今世界 500 强企业中，有 80% 的企业使用 ERP 软件进行日常工作流程的管理，并将其作为管理决策工具，自从 1981 年沈阳第一机床厂从国外引进第一套 MRP Ⅱ 软件以来，在中国从 MRP 到 ERP 的应用，经历了二十多年的风风雨雨，我国目前已有很多企业购买或使用了 MRP 或 ERP 软件。21 世纪以来，以 ERP 为工具的管理现代化浪潮正席卷而来。随着中央提出"以信息化带动工业化"战略，我国企业管理信息化发展步伐明显加快。特别是科技部提出了"制造业信息化工程"、经贸委提出了"企业信息化"行动，带动和掀起了我国企业应用 ERP 的高潮。ERP 的广泛应用给会计电算化教育带来了新变化：① ERP 软件应用导致会计业务与企业其他业务高度集成。ERP 软件是企业管理理论和信息技术相结合的产物。它不仅将会计的各项职能，如会计核算、会计控制、会计监督等职能通过软件模块加以集成，更是将会计业务与企业其他业务集成，这就是数据全局性观念，突破了原有的各业务部门各自为政的局限性。② ERP 的应用，使得会计工作的内容及程序更加复杂，会计教育应注重对会计人员职业能力的培养，注重学习掌握先进的会计电算化技术，使他们有能力通过有力的会计工具、有效的工作方式收集、提炼、分析有用的会计信息，在复杂的工作环境中做出有效的决策。③ ERP 的广泛应用对会计人员提出了新的要求。会计人员不仅要熟悉会计领域的理论和方法，掌握金融、税收、投资、法律、管理等相关方面的知识，还必须具备必要的计算机专业知识，掌握会计电算化和 ERP 的相关知识和各项操作管理技能。

第三节　ERP 环境下电算化体系的构建

近十年来，会计电算化已经在全国范围内的企业中得到普及，各专业院校也都开设会计电算化课程来满足就业单位人才培养的需要，但会计专业的学生在初涉就业岗位时，就业单位仍需要对其进行重新培训，原因是学校会计电算化教育大多停留在书本理论阶段，根据准则规定进行例题的讲解，很少结合企业实践需求，学生掌握的知识难以直接与企业工作对接。借鉴前人改革成果的基础上，提出构建教学的项目课程方案，不仅可以进一步深化会计职业教育的内涵，也为同行课程改革提供了一定的参考性意见。

一、ERP 系统与会计电算化的关系

（一）ERP 系统实现了各项业务高度集成

ERP 系统最主要是将企业的管理理念在现代信息的帮助下融入 ERP 软件中，而 ERP 的核心及灵魂就是企业的管理思想。企业采用 ERP 系统对供应链进行整体管理，同时通过 ERP 系统把客户需求、企业内部以及供应商的资源整合在一起，系统地对采购、物料需求、生产、质量管理、销售执行、财务预算、人力资源等管理工作做好规划，同时实现对以上工作的控制功能。企业采用 ERP 系统可以有效打破传统经营方式下的部门壁垒，因为在 ERP 系统中，各部门的子系统既是相互独立，又是相互联系的，能够有效地突破原有部门各自为政的格局，从而达到企业物流、资金流以及信息流的集成共享的目的。

（二）ERP 环境对会计电算化工作提出新的要求

ERP 系统中的财务业务一体化的功能，能够共享会计部门和其他业务部门的信息，会计人员能够在权限范围内查询 ERP 系统各种所需要的信息，例如：库存现金、生产材料的使用等信息，能够及时获取全面的信息，面对突发情况，也可以及时采取正确措施应对。另一方面在 ERP 环境下，会计工作已不仅仅局限于简单的会计核算，更是企业内部重要的管理工作。

（三）ERP 的应用促进了复合型人才的培养

现代信息技术、Internet/Intranet 技术以及电子商务发展基础下的产物指的是，融入企业先进管理理念的 ERP 软件。企业采用 ERP 系统，等于为企业管理人员提供了一个帮助

员工自身发展的平台，员工借助于 ERP 平台，不仅可以加强专业知识，掌握一定的经济、财税、电子商务等多方面的知识，同时还能提升计算机操作技能和网络维护系统使用技能，员工在使用 ERP 时，也可以更好地提高自身对会计预测、分析等能力。

（四）ERP 要求会计人员知识更全面

企业对会计人员在 ERP 运用中的要求不断地提高，会计人员的专业知识不仅要全面，且必须熟悉财税、会计、金融等问题，会计人员的计算机操作能力要有坚实的基础，此外，会计人员需系统掌握会计软件的使用技能，以及 ERP 相关管理工作和操作技能。

二、当前会计电算化课程的不足

会计电算化和其他会计类的课程（如：财务会计、成本会计、财务管理等）相比最大的不同在于该课程更加注重学生对相关财务软件理解的深度及运用的熟练程度。会计电算化的课程内容主要是将财务会计课程中账务处理的知识与信息系统相结合的演绎。由此分析可知，会计电算化实际上是一门偏重实践的课程，学生应尽可能地在学习过程中理解系统相互之间的钩稽关系与操作方法。但当前会计电算化课程教学存在如下不足：

（一）课程内容与企业需求脱节

不同的企业所使用的会计信息系统软件是不一样的，而作为专业院校只能以一种会计信息系统作为讲授范例。大多数院校是根据所选用的教学软件进行教学，很少从企业需求方面进行有重点的教学，所选取的会计电算化软件也不能满足大多数企业的要求。学校课程设计与定位并未按照市场需求或行业需求来设置，并且大多滞后于企业需求及行业发展。课程设计或以知识理论为主体或以实践操作为主体，并没用针对实际需求修改或结合，导致与市场行业的需求相脱节，培养的人才难以获得用人单位的认可。

（二）模块化教学开展较为单一

目前大多数高职院校的会计电算化课程多半采用项目教学的方法，以任务驱动教学，在很大程度上推进了会计电算化教学的发展。但一般院校采用的项目教学方法独立性较强，每个项目之间的关联度不高或者在进行项目教学时很少考虑相关项目的钩稽关系，使得学生对于课程内容没有整体的观念。学生对于会计电算化的学习停留在只知其然不知其所以然的层面上。在 ERP 时代下，企业更注重资源整体的规划和使用，而教学中的不连贯不适用于时代的需求。

（三）理论与实践融合度不强

尽管会计电算化更侧重学生对系统操作的掌握，但其背后依托的是对财务会计账务处理原理的理解。然而，目前的会计电算化教学采取的是以实践为主的教学模式，也只是单纯的要求学生对系统掌握的熟练程度，很少联系与之相关的理论。在授课过程中只操作不提原理，只讲过程不注重细节，没有基于理论基础，对于复杂业务的操作就会遇到"记忆瓶颈"，学生靠强记而非理解来学习某些操作流程，不利于会计电算化教学的深入开展。

三、ERP 对高职会计电算化教育的影响

所谓 EPR，即企业资源计划，是当今世界经营与管理技术进步的代表。对企业来说，应用 ERP 的价值就在于通过系统的计划和控制等功能，结合企业的流程优化，有效地配置各项资源，以加快对市场的响应，降低成本，提高效率和效益，从而提升企业的竞争力。我国从 80 年代开始导入 MRP 及 MRP II，而后越来越多的企业开始进入 ERP 的普及和应用时代。由于 ERP 系统的灵活性，不仅适用于大型企业（可以更好地整合多项资源），也适用于中小型企业（ERP 系统的相互独立，可以根据企业的需要将不同的子系统进行组合）。因 ERP 的广泛应用，企业越来越重视整体规划和管理，把客户需求和企业内部的制造以及供应商资源整合在一起，并将这些充分融入财务系统、人力资源系统、供应链管理系统中，使这些系统既相互独立又能相互联系。同时 ERP 系统还要求企业的会计人员体现大财务观，促进企业财务核算和管理职能的发挥。

在 ERP 普及的时代，企业需要大量的 ERP 人才，ERP 的存在更拓展了院校对会计电算化教学的广度与深度。从广度上来说，ERP 系统源于会计信息系统又高于会计信息系统，除了需要掌握会计信息系统中对于账务处理的内容之外，还需要将其与其他相关系统模块联系，掌握企业供应链的运作；从深度上来说，ERP 系统不仅要求操作的熟练程度，更要求对模块运作原理的理解。

综上，ERP 的广泛运用与发展要求高职院校在进行教学时把其需求作为出发点和落脚点，ERP 系统本身的可塑性和综合性也使其成为院校培养与企业需求对接的良好平台。

四、ERP 视角下高职校会计电算化项目教学体系的构建

（一）教学目标构建立体化

教学目标是课程体系的灵魂，在教学目标的指导下才能更好地完成教学内容及教学方法的改革。为了更好地培养满足市场及行业所需求的人才，培养目标的设立不仅要兼顾教育层面还要兼顾市场层面。具体而言，培养目标应以最后学生顶岗实习中不同岗位的岗位职责及工作内容为出发点和落脚点，设立课程大目标，进而结合课程内容设立不同层次的小目标。这样，在课程总目标下依据不同岗位设立的分目标构成了课程目标的横向目标，而依据课程内容设立的不同层次的目标则成为课程的纵向目标，纵横构成网格状，形成了

较为立体的课程目标。

以总账系统处理为例，首先，在"掌握总账系统初始化、日常处理以及期末核算"的项目要求下设立总账系统初始化、总账业务日常核算以及总账业务期末处理三个一级目标，一级目标要求学生能够理解在总账系统项目下需要完成的工作有哪些。其次，在该项目下针对不同会计岗位职责设立账套主管、总账会计、出纳等三个会计岗位，并根据岗位需要设立二级目标：系统初始化管理、凭证和账簿管理、出纳管理以及期末处理。二级项目不仅要求学生能够结合财务知识完成整个总账系统的处理过程，还能够了解每个岗位的人员应该完成哪些任务，并了解这些任务是管理企业的哪部分资源。

（二）教学内容模块化体系重建

在 ERP 的影响下，会计电算化的课程内容重建必须坚持企需原则，授课内容要基于企业的需求且还需对企业的需求进行升华，以求学生更好地适应市场环境。因此教学内容的重建应该从企业的工作过程升华为教育过程，而不是企业工作过程的简单重复。具体过程是对企业的生产任务对应的岗位进行筛选和归纳。课程内容也应在原有课本内容的基础上进行重新整合。以《新编用友 ERP 财务管理系统试验教程》与《新编用友 ERP 供应链管理系统试验教程》为例，如果按照原来的内容编排应是依次讲授各章节，这样既会拉长授课课时，也不利于学生对企业流程的理解，因此在模块教学改革上将原有的体系打破，将应收应付系统与供应链系统结合进行讲解，形成供销存模块。以此类推，大模块可以按照企业工作流程来设置，小任务（将大模块分解后的课程内容）也可以按照此思路进行重建。

（三）教学方法实用性改进

一般会计电算化的教学方法采用的是讲授法与练习法的结合，教师讲授每节课的内容，并演示操作方法，其后留给学生一定的时间进行模仿性练习，教师则巡视教室解惑答疑。这样的教学方法能够清晰地展现会计电算化操作的方法和流程，给学生一个明晰的示范，学生依葫芦画瓢也能够在练习中掌握一定的要领。此教学方法的缺陷在于模仿并不能领悟操作的要义，往往是下节课需要花一定的时间复习上节课的内容，效果和效率都不算上佳。在教学目标及教学内容双重改进的环境下，教学方法也应向更加实用性的一面进行改进。

如何使学生在偏重实践的学科中尽快掌握操作要领并能够举一反三呢？在 ERP 环境下的每个子会计系统虽然在功能上有一定的不同，但总体的操作流程是基本不变的。教师可先运用讲授法让学生掌握基本的操作方法，再根据课程内容将学生分成小组，自行实验讨论不同系统的操作方法和工作细节。这样将讨论法和直观演示法加入原有的教学方法中，使教学方法更具有实用性，学生掌握知识的速度也更快，效率和效果并重。

（四）教学评价多样性构建

1．评价主体的多元性

传统的评价主体是教师，教师根据学生上课出勤情况、作业完成程度及课业考试结果三个方面来对学生该门课程的学习情况进行评价。因这样的评价方法过于单一。在前述的三个 ERP 环境对会计电算化课程进行改革后，教学目标和内容有了很大的不同，教学方法也逐渐变为学生主导的课堂。因此教学评价的主体不应是单一的教师，而应转变为教师为主、学生为辅（作为参考值）的多元评价主体，体现评价的客观性。教师可以依据多年教学经验和专业知识，通过课堂观察和课后作业的了解，深刻地评价学生学习情况并分析相关问题产生的原因，有助于及时改变教学方法。评价是为了更好地掌握知识。学生作为学习的主体在过去一直被动地为了考分而死记硬背。而学生也参与到评价的过程中来，更能正视自己在学习过程中出现的问题，积极督促自我改进，大幅提高学习效率。最好的多元评价最好纳入企业的考核，以聘用者的身份考核学生学习成果，可以进一步为项目教学法的目标和内容提出改进意见。

2．评价内容的多维化

多维化是指不以单一结果作为评价的最终结果。在讲授法的教学方法下，标准化考试似乎成为评价学习质量的最好办法，但项目课程引进后，教师的主导力逐渐下降，学生的主导力逐渐上升，标准考试可以反映部分内容却不能反映全部内容。然而无论是标准化考试的考评还是学生互动积极性的考评都不能全面反映教学质量的高低，多维评价应该是建立在教师、学生、企业三者的基础上，共同博弈的结果。合理分配三者之间的分数及评价权重，既兼顾了教学成果，也反映了学生参与的程度更能够落实到企业需求层面，符合教学改革的最终目标。

在 ERP 的环境下，越来越多的学校开始使用这样的系统来管理企业的各种资源，并希望其能在激烈的市场竞争中立于不败之地。高职院校一向立足于与企业接轨培养适用型人才，将 ERP 的思想与内容纳入会计电算化的教学改革势在必行。根据 ERP 及项目课程思路的评析，应着手在教学目标、教学内容、教学方法及教学评价四个方面进行相应地拓展，从而构建一个完整教学体系。

然而，教学体系的构建远不止上述四个方面，其构建的过程也是路漫漫其修远兮，要想更好地延展会计电算化教学的深度与广度，必须在改进的过程中通过不断反馈不足加以修正。

第四节　会计电算化中存货核算与库存业务实践探究

一、收发单据处理

（一）入库业务

仓库收到采购和生产的货物，仓库保管员验收货物的数量、质量、规格、型号等，确认验收无误后入库并登记库存账，入库业务单据主要包括采购入库单、产成品入库单、其他入库单。

采购入库单是根据采购到货签收的实收数量填制的单据。产品制造企业的采购入库单一般只采购原材料验收入库时所填制的入库单据；商业企业的采购入库单一般指商品进货入库时所填制的入库单据。采购入库单按进出仓库方向分为：篮子采购入库单、红字采购入库单；按业务类型分为：普通采购入库单、受托代销入库单。

红字入库单是采购入库单的逆向单据，在采购业务活动中，如果发现已入库的货物因质量等因素要求退货，则对采购业务进行退货单处理，如果发现已审核的入库单数据有错误（多填数量等），也可以将退货单（红字入库单）原数冲抵原入库单数据。原数冲回将错误的入库单，以相等的负数量填单。

采购入库单可以手工增加，也可以参照订单、到货单（到货退回单）生成，在必有订单业务模式下，采购入库单只能参照生成。采购入库单可以修改、删除、审核、弃审。操作方法同采购管理系统。

产成品入库单一般指产成品验收入库时所填制的入库单据。只有制造企业才有产成品入库单，商品流通企业没有此单据。产成品一般在入库时无法确定产品的总成本和单位成本，所以在填制产成品入库单时，一般只有数量，没有单价和金额。产成品入库单可以手工增加，也可以参照生产订单生成。

其他入库单是指除采购入库、产成品入库之外的其他入库业务，如调拨入库、盘盈入库、组装拆卸入库、形态转换入库等业务形成的入库单。其他入库单一般由系统根据其他业务单据自动生成，也可手工填制。如果需要修改、删除其他单据或其他业务形成的其他入库单，应通过其他单据（调拨单）或其他业务（盘点、组装、拆卸、形态转换业务）进行修改、删除。

（二）出库业务

出库业务单据主要有：销售出库单、材料出库单、其他出库单。

销售出库单是销售出库业务的主要凭据，在库存管理系统用于存货出库数量核算，在存货核算系统中用于存货出库成本核算。

材料出库单是领用材料时所填制的出库单据，当从仓库中领用材料用于生产时，就需要填制材料出库单。只有产品制造企业才有材料出库单，商品流通企业没有此单据。材料出库单可以手工增加，可以配比出库，可以参照生产订单生成，或根据限额领料单生成。材料出库单可以修改、删除、审核、弃审，但根据限额领料单生成的材料出库单不可修改、删除。

配比出库单是一种特殊的材料出库单。如生产或组装某一父项产品，系统可以将其按照产品结构展开到子项材料，并计算生产或组装父项产品需要领用的子项材料数量。对具有产品结构的存货，配比出库可以加强领料出库的速度和准确性，特别适用。

二、存货调拨

调拨单是指用于仓库之间存货的转库业务或部门之间的存货调拨业务单据。同一张调拨单上，如果转出部门和转入部门不同，表示部门之间的调拨业务；如果转出部门和转入部门相同，但转出仓库和转入仓库不同，表示仓库之间的转库业务。

调拨单可以手工增加，也可以参照生产订单填制。根据生产订单生成调拨单，可以解决将车间作为虚拟仓库进行处理的业务，即从仓库领料时，先作调拨单，将材料调拨到车间的仓库，车间用料时再从车间的仓库作材料出库单或限额领料单进行领料。调拨单可以修改、删除、审核、弃审。调拨单审核后生成其他出库单、其他入库单。

三、存货盘点

为了保证企业库存资产的安全和完整，做到账实相符，企业必须对存货进行定期或不定期的清查，查明存货盘盈、盘亏、损毁的数量及其成因，报有关部门批准后进行相应的账务处理，调整存货账的实存数，使存货的账面记录与库存实物核对相符。

盘点时系统提供多种盘点方式，如按仓库盘点、按批次盘点、按类别盘点、对保质期临近多少天的存货进行盘点等等，还可以对各仓库或批次中的全部或部分存货进行盘点，盘盈、盘亏的结果自动生成其他出入库单。

第六章 会计电算化的内部控制

　　随着网络技术的不断发展，会计电算化的应用也随之不断普及。与传统的手工会计相比，会计电算化具有成本低、效率高等优点。但是会计电算化本身也具有很多的局限性，其内部控制就是其中之一，具体问题主要体现在职权问题没有得到很好的解决，缺乏专业的会计电算化人才，会计电算化得不到足够的重视，会计电算化软件自身存在问题，网络环境对会计电算化内部控制存在威胁等方面。建立健全会计电算化内部控制的措施，主要包括加强对会计电算化人员的职权管理，加强对会计电算化专业人才的培养，提高对会计电算化的思想认识，严格规范会计电算化的操作，对计算机进行定期维护等方面内容。

第一节　内部控制的目标和原则

一、会计内部控制基本目标

1949 年，美国注册会计师协会（AICPA）所属的审计程序委员会发表了一篇题为《内部控制》的特别报告，该报告将内部控制定义为："内部控制包括一个企业内部为保护资产，审核会计数据的准确性和可靠性，提高经营效率，坚持既定管理方针而采用的组织计划，以及各种协调方法和措施。"1959 年，该委员会在审计程序公报第 29 号中将内部控制分为"会计内部控制"和"管理内部控制"两类即所谓"制度两分法"，内部会计控制概念开始在正式文件中出现。

1963 年，在第 33 号公报中，AICPA 所属的审计程序委员会又重申其 1949 年对内部控制的定义，并首次具体界定了"内部会计控制"和"内部管理控制"的内涵，该公报指出："内部会计控制主要包括那些确保国家有关法律法规和公司内部规章制度的贯彻执行。规范公司会计行为，保证会计资料真实、完整。堵塞漏洞、消除隐患，防止并及时发现、纠正错误及舞弊行为，保护公司资产的安全、完整。与资产保护和财务信息可靠性相关的组织计划，以及各种方法和措施。一般来讲，它包括交易授权和批准系统，会计记录、报告职责与资产的保管、经营职责分离，实物资产控制，以及内部审计等。内部管理控制主要包括那些与经营效率及管理方针相关，而与财务记录不直接相关的组织计划，以及各种方法和措施。一般来讲，它包括统计分析，工时和动作研究，业绩报告，人力资源培训计划，以及质量控制等。"

第 33 号公报的出台，反映了独立审计实务界的要求，因为 1949 年内部控制的定义出台后，注册会计师普遍反映对审计委托人的内部控制制度进行测试时，难以把握对"提高经营效率，坚持既定管理方针"等主要与经营管理控制相关的内部控制的评价。为此，AICPA 具体界定了"内部会计控制"和"内部管理控制"的内涵，并指出，由于注册会计师的职责直接与财务数据的可靠性相关联，因此注册会计师主要应关注审计委托人的内部会计控制制度。

1972 年 12 月 AICPA 所属审计准则委员会在《审计准则公告第一号》中，又重新表述

了"会计内部控制"和"管理内部控制"的定义："内部管理控制包括（但不限于）与管理部门业务授权决策过程有关的组织计划、程序和记录。这种授权是直接与达到组织目标的责任相联系的管理职能，是对经济业务进行会计控制的出发点。内部会计控制包括涉及资产保护与财务记录可靠性的组织规划、程序和记录，并为实现下列目标提供合理的保证：①根据管理部门的一般授权和特殊授权处理各种经济业务；②经济业务的记录必须做到：编制财务报表要遵循一般公认会计原则，或其他适用的标准，和保持对资产的经营管理责任；③只有经过管理部门的授权才能接近资产；④要定期核对账面记录与实存资产，并对有关差异采取适当的措施。

从上面的分析中可知，到 20 世纪 70 年代初美国理论界已经对内部会计控制的定义、目标和内容做出了界定，但显然这些界定是站在独立审计的立场上进行的，主要是为制度基础独立审计服务的。

由于 80 年代以后，国外理论界已不再将内部控制划分为内部会计控制和内部管理控制来研究，有关内部会计控制内容和目标的文献已不多见，因此我们仅以上述文献为限做一些比较。

第一，关于内部会计控制目标。AICPA 规定了四项基本目标，我国《基本规范》第六条规定了三款基本目标，AICPA 的第一项和第三项规定是规范交易授权的，意在防止企业内部员工随意处理、盗窃财产物资或歪曲记录；第二项和第四项规定是规范会计记录的，意在保证会计资料的可靠性与资产的安全性；而我国《基本规范》第六条前两款正是规范"会计资料真实、完整"和"保护单位资产的安全、完整"的；第三款规定即"确保国家有关法律法规和单位内部规章制度的贯彻执行"则不仅仅是内部会计控制的目标，而是内部控制的目标，这与我国《基本规范》的定位有关，即定位为"以单位内部会计控制为主，同时兼顾与会计相关的控制"。通过对比我们发现二者的目标基本上是一致的。

第二，关于内部会计控制内容。AICPA 规定了"交易授权和批准系统，会计记录、报告职责与资产的保管、经营职责分离，实物资产控制，以及内部审计"等四项内容，对照起来看，我国《基本规范》第 18 条相应规定了"授权批准控制""不相容职务相互分离""会计系统控制"以及"财产保全控制"等四项，而内部审计则没有包括在内。除此之外，我国《基本规范》第 18 条还规定了"预算控制""风险控制""内部报告控制""电子信息技术控制"等内容，可见我国《基本规范》对内部会计控制内容的界定比 AICPA 的界定要宽泛得多，但也存在一个明显的缺陷，即没有将内部审计包括在内。这样，《基本规范》也存在目标与内容不一致的问题，目标界定过窄，不能统领内容。

二、会计内部控制基本原则

会计内部控制的各项基本原则主要有三大点：首先，合法性控制原则。银行会计内部控制必须严格按照国家的法律法规办事，不能因为单位的局部利益而逃脱法律法规的制约；其次，合规性控制原则，银行应合理建立规范化的会计办事操作秩序，各商业银行的会计执行人员要根据各项不同的管理体系要求进行合理化的操作流程；最后，合理性控制原则，银行所有会计工作人员都会被内部控制制度所约束、限制。

会计内部控制基本原则还应该做到以下几点：①会计内部控制遵循国家有关法律法规，符合公司的实际情况；②会计内部控制约束公司内部涉及会计工作的所有人员，任何个人都不得拥有会计内部控制的权力；③会计内部控制涵盖公司内部涉及会计工作的各项经济业务及相关岗位，并针对处理过程中的关键控制点，落实到决策、执行、监督、反馈等各个环节；④会计内部控制保证公司内部涉及会计工作的机构、岗位的合理设置及其职责权限的合理划分，坚持不相容职务相互分离，确保不同机构和岗位之间权责分明、相互制约、监督；⑤会计内部控制遵循成本效益原则，以合理的控制成本达到最佳的控制效果；⑥会计内部控制随着外部环境的变化、公司业务职能的调整和管理要求的提高修订和完善。

企业必须依据国家法律政策以及企业管理体制，建立完善而且规范的财会业务办理流程以及财务规章制度，让企业所有财会业务的办理都有据可循，保证所有财会业务的办理都是按照相关的流程办理，从而确保企业会计信息的真实性，为企业高层管理者的决策提供科学可靠的依据，规避企业发展过程中的各种风险。完善企业管理体制，科学设置相关人员权限企业的内部会计控制是企业管理体制的有机组成部分，企业的管理体制直接影响到企业内部会计控制水平。

要发展现代化的企业管理就要把握在市场中的机遇，把有限的资源在可获得更多成果的地方使用重要的人力和物力。在实现企业的经营目标时，会计内部控制是很重要的方式，要保障企业的利益不受损失，就要用机制作为导向，设计内部的控制制度。在企业内部控制的方面很多，每个控制的目标也不同，相反，控制一个目标也需要不同的控制因素共同完成。在会计的内部控制中最重要的就是审批和核算，是完成会计的内部控制的重点。管理人员需要会计内部控制能够提供既全面又准确的信息，帮助管理人员能够及时做出正确的判断，也能及时提出正确的修改意见。在企业的内部会有一个专门的部门负责，及时整理出结果给企业的管理人员，这就体现会计内部控制的重要性。在企业内部提供众多方案的同时也要考虑经济的重要性，考虑每个方案的收益结果，一个企业也应具备一个比较完善的内部控制体系，根据不同的成本比例去改善方案内容。会计财务管理及内部控制是可以保证经济效益最大化的方式。企业的内部财务和监管人员采用科学的控制方法和理论，正确的评估和管理每项生产经营活动，在一定程度上避免企业财务出现问题。其次，有效的管理也能够完全地使用企业的现有资源，完成资源现有使用的最大化，降低企业经营中的成本，最大程度上增强资金的使用率，从而为企业增加很大的经济效益，在进行工作的同时，还可以增强会计信息的精准性和真实性，可以帮助企业采取科学的决策，从而推动企业的快速发展。

第二节　内部控制的现状

目前，我国中小企业会计内部控制现状不容乐观，会计岗位职责不明确、会计监督机制不健全、会计人员素质等因素使得中小企业会计内部控制工作现状存在着诸多的问题。这些问题的存在严重影响了中小企业的财务管理水平、影响了中小企业的合法经济活动。这些问题的存在使得中小企业经济利益受到很大的影响，而且中小企业经济活动的特点也使得企业会计内部控制存在着诸多的困难，影响了中小企业会计内部控制工作的正常开展。为了保障我国经济结构中中小企业会计内部控制能力、促进我国国民经济的稳步增长，在现代中小企业的建设发展中应加快自身会计内部控制体系的建设。通过会计内部控制体系的建立以及相关工作的有效开展促进企业综合市场竞争力的提高，促进我国中小企业的建设与发展。

一、内部控制现状

（一）对内部会计控制的重要性缺乏认识

就目前我国企业会计内部控制的情况来看，大部分企业还是没对会计内部控制工作引起重视，企业内部没有建立完善的会计制度，导致企业内部控制工作敷衍了事，工作形式更是流于表面。此外，部分企业并没有针对自身的会计内部控制工作设置专门的内部审计结构，因此在进行内部审计时，由于缺乏独立性以及权威性，大大降低了内部审计工作的监督和评价效果。最后也是最重要的一点，在企业内部相关领导者并没有对会计内部控制深入了解，因此无法从企业发展的角度制定决策，更多的还是以自我的意志作为决策的依据，导致会计内部控制制度沦为一纸空文。

（二）企业基础会计工作比较薄弱

严格的、规范的执行基础会计工作是贯彻落实企业内部控制的重要因素，然而目前我国大多数企业内部都存在会计基础工作薄弱、账目不清晰、会计信息可信度低下等问题，这些问题的存在都为企业内部会计控制带来了极大的难度。除此之外，企业内部会计管理岗位在设置过程中存在着配置不合理、权责不清晰等问题，在决算、执行、监督等方面缺乏相互制衡的管理体制，无法为企业内部会计控制工作的执行提供有力的保证。

（三）企业会计信息质量不高

会计信息对于一个企业的发展来说，其不仅仅是企业经营者制定管理决策时的重要依据，同时还能为企业管理者进行投资决策时提供可信的数据信息。因此可以说企业内部控制的成败与企业会计信息息息相关。然而，目前我国企业内部的会计管理工作十分混乱，进而大大影响了会计信息的质量，导致会计信息提供真实信息的能力大大减弱，无法发挥其真实的作用。会计信息的失真不仅会导致企业经营管理者无法正确判断企业的现状，更给企业的发展带来了极大的障碍。

二、内部会计控制不足的改进措施

（一）建立并完善内部会计控制体系

企业必须充分结合本身具体情况来建立并逐渐完善内部会计控制体系。企业具体内部各个部门应该遵守以下原则：

首先遵循不相容职务相分离原则，针对企业内部各部门的职权进行科学合理划分，构建互相制约的机制。明确各个职能部门的授权批准范围、程序、权限以及责任等，确保企业权责清晰明确，管理科学。在企业内部设置授权批准、会计记录、业务主办、财产保管以及稽核检查等相关职位，以此来保证会计责任与经营责权的分离、会计核算和资产保管的分离、授权与保管、执行、记录、审查等的分离。

其次是制定明确的作业程序、工作目标、管理方法以及控制标准，定期组织考核，督促员在处理各项业务时能够严格贯彻落实各项标准，最终达到预定目标。企业应该实施全面预算管理制度，并将重心放在现金流量、成本费用、营业收入上面，及时分析预算结果，以便更好地控制预算差异。牢固树立风险意识，构建科学合理的风险管理系统，在此基础上对风险进行有效地预警、识别、分析、评估、报告等，通过上述措施能系统全面地控制和防范经营风险和财务风险。做好会计基础工作，在日积月累中逐渐健全会计信息系统，综合运用计算机技术、网络技术等信息技术手段建设内部会计控制系统，最大限度上减少甚至去除人为控制因素，保证内部会计控制能够得到有效实施。

最后就是内部会计控制体系必须要准确地反映企业经营管理目标，同时凸显控制的关

键点和重点。

其一，要有较好的适用性，企业制定的内部控制不但要结合本身的生产经营特征，同时还必须能够很好地适应内外部环境，绝不可以生搬硬套别人的成功案例。

其二，经济性要好，内部会计控制如果环节较多、措施较繁杂，这样虽然能够获得较好的效果，但必然要付出更高的成本代价。企业在注重控制的完整性和严密性的同时，还应该尽可能对机构与人员进行精简，完善控制措施和手段，防止出现重复劳动。

其三，选择控制关键点，选择最重要的业务环节以及成本费用项目来实行控制，这样可以达到事半功倍的效果，如果不分轻重地针对所有环节或者项目多进行控制，效果反而不尽理想。

（二）建立内部控制风险防范漏洞机制和监控措施

现实工作中，企业在对外投资、筹资时，应进行严密的可行性分析，按"申请—论证—审批—实施"等严格的程序来操作，重大项目严格实行集体决策。项目应经过充分论证，采取相关的风险评估控制措施，避免盲目超规模的投资。企业还应设定明确的资产负债率预警线，对超出预警线的项目严格审核，避免盲目上马造成的巨大财产损失。

（三）货币资金风险控制设计

严格控制财务人员的职业准入条件，同时强化岗位考核制度。在选用并分配财务人员时必须要综合全面考察其职业道德，最基本的要求就是廉洁奉公、正直诚信；财务人员要想做好本职工作，还需要具备优良的业务素质，相关人员必须要熟练了解并掌握账务处理程序以及资金控制流程，只有这样才可以确保各类结算的安全；建立细致入微的财务人员绩效考核制度，以便奖优罚劣，充分调动人员工作的积极性。

控制资金收支流程，构建严格的授权审批制度。相关结算人员必须要凭银行发放的结算证或者公司出具的授权委托书才可以办理银行结算业务，如果结算人员出现了变动则必须告知银行；对于网上银行业务中涉及的登录密码、物理密钥等进行分开管理；严格审核业务经办人员、部门负责人以及公司领导的签字制度，严格审查原始发票和凭证的真伪，确保收支业务的合法性和真实性。

控制过程监督，构建责任追究制度，对于挪用、侵占货币资金的行为予以严厉打击。建立财务人员强制休假制度、岗位轮换制度，防止利用职务之便舞弊；财务部门要定期清查审核各类合同、未达账项、债权债务，勾兑好收付款项以及合同条款。及时清查银行未达账项，同时找到原因。特别是对于银行已记但单位未记的调整业务，应该及时向开户行进行查询，避免单位出纳人员或者银行业务人员擅自挪用单位资金；稽核人员应该进行不定期突击查库，对现金库存、对账单、盘点表以及印鉴保管登记簿等资料进行检查，查看其完备性和及时性。

企业的主要经济事项的顺利进行是一个企业发展的重要保证。企业的经济事项主要包括资产购置、对外投资等内容。企业可以通过建立科学完善的监督与制约体系，以此保证企业主要经济事项的顺利进行，对于企业的发展而言有着十分重要的作用。企业在建立制度时，为了保证每项经济事项都能有效控制，要充分考虑自身的优点以及发展方向等综合因素，从而制定出与企业发展需求相一致的管理制度，为企业健康发展打下良好的基础。

在进行内部控制时，必须做到不兼容权限分离的原则，实现对权限的严格控制，避免系统操作人员的不法操作给企业带来损失；相互制约原则，需要对操作人员进行控制，对数据的输入、处理和输出进行严格的控制，加强监督，并明确每一个工作人员的责任和义务，起到监督和约束的作用；安全保密原则，会计工作关系到企业的财务安全，必须坚持安全保密的原则，加强对软件和硬件的管理和控制，设置多级的保密措施，避免机密性资料的流失；内部防范原则；避免个人垄断的问题，加强对系统的监管和控制。

第三节　会计电算化内部控制的方法

一、会计电算化内部控制的途径

（一）进行合法的控制

合法的控制是企业进行一切经济活动的前提和基础，企业的内部控制管理离不开国家法律法规以及政策的支持和保证，因此需要加强对内部控制的管理，确保一切管理活动都在法津允许的范围内进行。在会计电算化的内部控制中，要对各项经济活动进行审核和监督，明确各项开支是否符合规定的要求，对不合法和不合规的行为及时地采取制止措施。

（二）进行授权和分权的控制

由于企业的会计内部控制系统是一个综合性很强的系统，关系到各个部门的利益，并对企业的整体发展有着至关重要的影响，因此需要将内部控制工作进行细分和调整。首先，要加强权力与责任之间的联系，不仅要行使权力，还要履行义务，承担一定的责任，因此要制定岗位责任制。其次，要做好对权利行使的监督，定期的进行检查和督促，真正地做到办事有标准和工作有检查，进而实现对各项经济活动的有效控制。

（三）进行不相容的职务控制

要实现对企业内部的有效控制，需要分离不相容的职务，重要的职务由两个以上的人承担，起到相互牵制和相互核对的作用，这样在很大程度上能够避免内部工作人员的违规违法行为的发生。具体要做到以下几点：对经济活动的授权和执行职务进行分类；执行职务和审核职务进行分离；记录职务和审核职务要分离；保管和记录职务要分离。

（四）进行业务程序标准化控制

为了实现对业务程序的有效控制，需要对程序进行合理的规划和安排，一般来说，包括以下几个部分：授权、主办、核准、执行、记录以及复核这样便于实现事前的预防、事中的控制和事后的总结，利于业务活动按照规定的要求进行。同时，业务程序的标准化控制为工作人员开展工作提供了依据，还避免了出现推卸责任的现象。

（五）加强内部的审计制度

会计电算化的内部控制对信息的可靠性要求很高，因此需要对进行的经济业务进行复查，避免出现错误或者是舞弊行为。一方面要对记录内容与事实进行查实，另一种是对记录的资料进行查实，发现存在的失误并予以纠正。通过这两种复核，保证了管理信息的准确性，保证了记录情况的真实性。这就需要加强对审计人员的监督和评价，检测各类软件的可靠性，及时发现存在的问题，并提出解决措施，提高会计财务的管理水平，此外企业可以聘请中介机构进行内部控制的审计工作，更好地查缺补漏。

（六）进行人员素质的控制

会计电算化内部控制依赖于会计人员，会计人员的素质对企业的内部控制起着至关重要的影响，因此需要加强对人员素质的控制。一方面要提高工作人员的业务水平，掌握会计控制的一些基本技巧以及计算机技术，另一方面要提高工作人员的职业道德水平，增强责任心，不利用职务的便利做违法乱纪的事情。因此，在企业中要加强员工的培训教育，建立一支高素质的会计队伍，为会计电算化的内部控制奠定坚实的人才基础。

二、会计电算化内部控制的方法

目前，各企业使用的会计电算化软件的数量相当可观。在这些软件中，都根据会计电算化内部控制的要求，无论是在方法上，还是在措施上，都作了相应的安排。关于现有的会计电算化内部控制的具体方法，可以概括为两类，即程序控制和制度控制。

（一）程序控制

程序控制是靠会计电算化软件系统本身来实现的。它包括输入控制、处理控制、输出控制、初始化以及维护控制。

1. 输入控制

输入控制的主要方法包括：顺序编号控制、数据总量控制、数据转换控制、输入安全控制、程序检测控制、错误改正控制。

2. 处理控制

处理控制的目的在于确保计算机运行时及时发现纠正并报告含有某些错误的输入，以其保证数据处理的可靠性和正确性。数据处理控制包括数据范围控制、常数控制、主文件控制、安全控制和意外情况处理控制，例如：意外事故停机造成数据的丢失或文件的破坏，系统自动采取相应的数据恢复处理等措施。

3. 输出控制

输出控制的目的在于确保计算机输出的结果，不仅是正确的而且是可靠的。输出控制包括数据输出结果的控制、控制信息的控制，这些控制信息的输出揭示输入的失误或舞弊的行为给出相应的提示以及采取必要的措施，防止有意或无意的会计信息的损坏或丢失，从而防范会计信息被恶意的窥视或篡改。

4. 初始化和维护控制

初始化和维护控制是当前所有的会计电算化软件系统都必须具备的功能。包括系统参数、设置利润、建立各种账簿文件以及各种余额数据的录入等等。

（二）制度控制

制度控制通常是以管理制度的形式来实现的。这就要求管理部门制定一系列的严格的规章制度，强制并监督会计部门和财务人员以及主管财务的领导予以执行，确保会计电算化系统良好的运行环境，保证会计信息的准确和无误，并防止意外的干扰和破坏。

（三）强化会计电算化内部控制的方法

根据近年来的实践体会，提出进一步强化会计电算化内部控制的几个具体方法：

（1）会计原始凭证直接录入计算机存档。以往由于技术条件的限制，会计原始凭证，只录入其统一的顺序号，不要求输入原始凭证。这不仅给日后查账、对账和审计带来诸多麻烦，而且容易导致非法替换原始凭证的弊端。在扫描仪应用日益普及的今天，只要对原有的会计电算化软件稍加补充修改，是完全可以实现会计原始凭证直接录入计算机存档的。

（2）保留会计数据删除、修改、处理痕迹。在会计电算化的条件下，一切会计数据，都以文件的形式存储在磁盘中，很容易出现数据被删除和修改，而不留任何痕迹。

这将导致会计数据失控。为此，有必要保留会计数据删除、修改和处理的痕迹。实现这一目标，在软件技术方面是十分成熟的。首先，数据删除痕迹的保留，可以采用类似 Windows 回收站的方法，所不同的，只是这种痕迹是不容删除的；其次，对于数据修改和处理痕迹的保留，可以采用建立会计电算化系统运行日志的方法。这种日志记录整个系统每次运行的实际情况，其中包括操作人员的身份、操作顺序、数据变动和处理过程及结果等等。

（3）建立计算机会计和计算机审计的综合会计信息系统。现有的会计电算化软件，给审计工作带来很多麻烦。审计是企业会计内部控制的一个重要环节。目前，无论是会计人员，还是审计人员，都认为计算机审计势在必行。在会计数据生成的同时，产生相应的审计信息，对会计人员来说，必然会加强其随时接受监督的意识。这项功能的增加，显然是强化企业会计内部控制的有效方法。

第四节　会计电算化内部控制的检查

一、对 ERP 系统进行检查与控制

ERP 系统首先给企业带来的是系统本身的风险，因此企业内控检查需要从检查和控制 ERP 系统开始。随着信息时代的进一步发展，如何管理和控制庞大复杂的信息系统是整个企业所必须面临的问题。在传统的公司治理活动无法有效管理信息化风险的情况下，构建科学完整的 IT 治理新模式，将是提高治理效果、降低企业风险的首要选择。

二、利用 ERP 系统进行检查

ERP 系统本质上是要实现对企业全面资源的有效计划，具有强大的功能。因此，企业应该采用 ERP 系统对具体内控活动进行审查。采用 ERP 系统检查的优势主要有：①提高检查效率。企业日常业务量大，如果采取线上检查可大大提高工作效率，扩大抽样样本数量。通过 ERP 系统，可线上检查计划完成情况。系统可以将企业的实际运行情况与计划预算相比较，分析各项业务的进展情况是否符合要求。例如，在贸易粮采购流程，通过 ERP 线上操作，可以检查系统中采购订单与配置计划内容是否一致；检查原粮采购是否与经批准的预算一致等。通过 ERP 系统，可以检查业务在执行过程中是否合规。例如，在

贸易粮采购流程，通过 ERP 线上操作，可以检查系统中采购订单与采购合同内容是否一致；检查入库单与计量单是否一致；检查发票校验凭证与采购合同、入库验收单、发票是否一致等等。通过 ERP 系统，可以线上检查各项业务内控流程的执行情况。通过查看员工的日常操作，可以分析员工的工作内容及流程是否符合规定。②提高检查的公正性。通过软件系统实施检查，以系统记载的业务流程发生情况为检查依据，足以克服人为因素的干扰。通过 ERP 进行内控检查时，系统可以核对内外部数据的发生额及余额是否相符。其中，内部核对是指在企业内部不同部门之间的核对，如财务部门记录的往来款项是否与销售部门实现的销售情况相符，财务部门掌握的库存变动是否与物流部门实际的出入库情况相符等等；外部核对是指通过接口将系统数据与外部数据进行核对，如通过电子对账单核对企业收付的资金是否与银行记录相符。

（一）内控检查评价应与企业标准化建设相结合

在内部控制诸要素当中，控制活动是其核心。控制活动是为防范风险所采取的措施和行动，具体体现为标准化的业务流程的建立。

企业应将内部控制检查和企业标准化工作结合起来，这样可以进一步落实公司的各项制度，进一步提升公司的风险管理水平。在岗位标准化工作中，按照各业务流程控制点的工作标准和执行的工作要求，以把内控业务流程相关控制点分解到各部门、各岗位的工作职责中，从而理顺业务流程，明确各部门、各岗位的工作职责。

依据上述思路将各业务流程主要控制点的执行落实到具体岗位的日常工作要求以后，在职工月度绩效考核时，部门领导可以按照岗位的要求对每位职工的工作完成情况进行评价并量化，统一提交绩效考核部门后进行员工的月度绩效考核。内控日常检查评价时可抽查部门对员工的考核记录来检查部门内控日常执行情况。内控与岗位标准化的结合足以使每位员工清楚地了解自己在内控制度执行过程中的工作任务和目标，使内控检查评价和员工日常工作考核有效地结合起来，达到双重控制的目的。

（二）企业应采用多样化的内部控制评价

企业进行多层次、多渠道、多形式的内控检查评价，细化内控考核，足以强化内控制度的执行力度，使个体员工能够自觉执行内控制度，按流程办事、按权限审批，使"要我内控"转化为"我要内控"，逐步将内控理念融入企业文化之中。为此，企业应该做好以下两点：

第一，在内控检查评价中实施多层次控制，构筑多道风险控制防线。企业内控检查评价应形成由总部检查评价、中介机构检查评价、企业内部检查评价三个层面的检查评价体系。中介机构对公司 IT 一般控制及应用控制的风险管理情况定期进行审计，重点关注各

项业务流程的执行情况和软件的应用情况。企业内部检查评价以内控手册实施细则为依据，重点对业务流程以及风险的控制情况进行检查评价。

第二，企业内部检查评价应由多部门参与，通过不定期的检查评价形成对内控执行情况各方位的自我监控。企业内部控制的有效实施有赖于个体人员的参与，因此内部控制的检查评价也需要企业多个部门的参与。就企业而言，资产部、审计部、财务部等都要承担一部分内部控制检查与评价职能。资产部以资产监察为重点来检查内部控制的落实情况。审计部门开展以评价内控为重点的经济责任审计，查找内部控制缺陷，使审计关口前移，实现以"堵"为主的事中控制。财务部门重点根据内控手册中会计报表项目和监管事项与业务流程之间的联系，检查各风险项下对应流程控制点的执行情况，以确保内控制度能够合理保证对外披露的会计报告及重大事项真实可靠。此外，企业还可以设置独立的内控办公室，使其进行企业内控综合检查评价。

（三）定性与定量相结合的内控检查评价方法

量化的评价方法存在着一定的问题，如有此内控要素（如控制环境）很难量化，量化权重存在着一定的主观性等。因此在内部控制评价时要采用定量与定性相结合的方法。

公司层面控制较难使用量化的方法，一般采用定性判断公司层面控制缺陷通常会直接导致信息错报，但会增加业务层面信息错报的可能性。因此公司层面控制缺陷评估基本上是采用定性判断，即逐项分析缺陷主题、缺陷性质等因素，判断缺陷可能导致错报的影响程度和错报发生的可能性，业务层面内部控制评价结果采用定量分析和定性判断结合的方法。业务层面内控评价一般应采用标准分数法，将不同的定量或定性的问题统一折算成标准分值，使不同问题相互之间具有可比性，得出客观正确的评价。同时业务层面也要适当加入定性评价，可以设定被评价单位可能违反规定的条件和扣分标准，如确定某些性质较为严重的问题，如果企业违反了这些问题中的任何一个，则不论定量评分如何，总体评价结果都不能认为是良好。

（四）建立合理的考核和问责机制

不论形式多么完美的管理制度，只要不触及员工的根本利益，往往只是一个美丽的"花瓶"。因此企业应根据各级内控检查评价的结果对员工进行绩效考核，把检查结果量化评分后，将得分情况对应到具体部门的责任人和负责人，细化绩效考核评分标准，按照标准进行奖惩。对未有效执行的关键控制点或风险程度高的控制点以及屡查屡犯的情况加大问责力度，追究当事部门的负责人、责任人的管理责任。

第五节　单位会计电算化的日常管理

一、操作管理

电算化操作管理是指对会计电算化会计操作系统运行过程的控制和管理工作。工作人员在操作过程中应建立健全并严格实施操作管理制度，这将是系统安全、有效运行的保证，也是操作管理的具体体现。操作管理主要包括以下内容：

第一，严格执行操作人员的工作职责和工作权限。每位不同的操作人员通过不同的口令或密码的设置来标明自己的身份。例如：财务主管、主管会计、总账会计、出纳。根据其不同的分工设立不同的密码，不同的操作权限，而且操作人员的口令或密码应经常更换并对他人保密。会计电算化系统的普通操作人员一般不能拥有对系统的修改权，包括对软件、代码、记账凭证上的数据的修改等，也不能调阅系统开发的文档资料和系统的源程序。这个权限只有系统管理员才具备。应对操作人员进行必要的权限分割，会计电算化的操作人员不得同时兼任出纳、手工记账凭证的编制和凭证审核等工作，系统维护员不能进行系统日常使用的任何操作工作。

第二，单位内部应制定预防各种原始凭证和记账凭证等会计数据未经相应人员审核而输入计算机的措施。

第三，单位内部应制定预防已输入会计软件的原始凭证和记账凭证等会计数据未经核对而登记在计算机内账簿的措施。

第四，单位财务部门应制定必要的岗位上机操作记录制度。不同的岗位，不同的数据操作使用人员在财务软件上机操作前后，应进行上机操作登记，设立岗位上机登记册。每次上机完毕，应及时做好各项备份工作以防发生意外。

二、维护管理

会计电算化的系统维护是软件系统运行过程中最为重要、又最费时的工作，单位财务部门应加强对维护工作的管理，以保证硬件、软件的故障及时得到排除，保证会计电算化系统安全、有效、正常地运行。会计电算化的维护管理包括软件系统硬件和软件的维护管理。

（一）硬件维护管理

系统硬件的维护工作大部分由计算机销售厂家进行，使用单位和个人只进行一些小的维护工作，主要包括以下内容：一是要定期进行计算机等硬件设备的检查，并做好检查记录。在系统运行过程中，如出现计算机硬件故障，要及时对出现的故障进行详细的分析，并做好详细的故障记录。二是财务部门在设备需要更新、扩充、修复后，由相关部门系统管理员与系统维护员共同研究决定，并由相关的系统维护人员实施安装和调试工作。

（二）电算化软件维护管理

电算化系统软件维护可分为电算化软件操作性维护与电算化软件程序维护两种。一是电算化软件操作性维护。电算化软件操作性维护主要是利用财务软件的各种自定义功能来修改软件，以便适应会计核算工作中的变化，例如会计业务需要新增加会计科目时，操作员可以利用会计软件中的有关功能增加新的会计科目。二是电算化软件程序维护。电算化软件程序维护主要指维护需要修改程序的各项工作，包括给予软件正确性的维护，完善性的维护和适应性的维护。

三、病毒管理

单位电算化病毒管理主要是采取预防措施，防止病毒进入系统。一旦染上病毒，要有消除病毒的办法。因为财务部门的数据可以说是一个单位的核心机密数据，一旦遭到病毒的侵入，后果将不堪设想，所以单位电算化的病毒管理工作就显得尤为重要。笔者认为，可以从以下几个方面进行管理。一是在单位电算化系统用机上安装防病毒软件卡或防病毒程序。比如像航天信息公司开发的安全隔离卡对数据保护就能起到显著的作用，这些软件驻留内存，监护计算机的运行，一旦发现病毒侵犯就会发出鸣叫声，通知用户及时用杀毒软件消除病毒，同时阻止病毒的蔓延和扩散。二是计算机操作人员应经常对计算机的硬盘和 U 盘及移动硬盘进行病毒检测，不在计算机上使用带有病毒的 U 盘，尽量保证财务部门机房少用甚至不用 U 盘。尤其是服务器上，应该禁止使用任何带有病毒可能性的存储介质。三是禁止在财务部门计算机上使用来历不明、情况不明的软盘，绝对禁止将游戏盘插入计算机，在财务部门计算机上玩游戏。四是制定使用备份 U 盘的制度，重要的内容都要做备份盘，外出工作时使用备份盘，即使备份软盘被染上病毒也可以将其格式化后再备份。并在 U 盘上注明保存的各项信息。

四、机房管理

单位电算化机房管理的目的主要是给财务部门创造一个良好的工作环境，可以集中办公，并保护好计算机设备，防止非工作人员及非法人员进入机房，可以有效地保护机房的设备、计算机内的程序与数据的安全，主要是通过单位财务部门制定和实施机房管理制度来实现的。单位电算化机房管理制度可以通过以下制度来实施。一是建立对财务部门机房设备进行经常性检查和定期维护保养的规度，对计算机的运行情况及维修情况进行记录。二是对进入财务部门机房的人员进行严格资格审查。除系统管理员和财务部门相应操作人员及经过批准的人员外，其他人员严禁进入机房，系统维护员不得一人单独留在机房。三是财务部机房内的各种环境要求，如环境设备的管理要求、卫生要求、防水要求、防静电要求等；机房中禁止的行为，如吸烟等。四是各种配套设备、材料及外来 U 盘及移动硬盘进入财务部门机房的管理要求。五是相应的规章制度制定成牌子挂在财务部机房醒目的位置。

五、档案管理

单位电算化的档案管理是指单位财务部门对会计电算化系统内各类文档资料的建立存档、安全保管和保密工作。会计电算化档案管理也是通过制定和实施有关制度来实现的，主要体现在以下几个方面：一是单位财务部门应制定各种文档存档、保存期限及期满销毁的手续制度。例如，打印输出的账表，必须有会计主管、系统管理员的签名盖章才能存档保管，保管期限按《会计档案管理办法》的有关规定执行。一般是 5—10 年的期限。二是单位财务会计软件的保密措施。一般商业化会计软件都有加密措施，单位自行开发的软件的保密尤为重要，要制定调阅的权限、调阅的审批手续，设立调阅源程序及开发文档资料的登记册，记录调阅的时间、内容和目的等。三是单位财务会计档案的保管应实行权限分割制度。会计电算化系统的操作人员和软件相应程序开发设计人员不能兼任会计档案的保管工作。

六、财务管理

财务管理主要是控制计算机的使用、人员编制、各种材料动力的消耗，在保质保量完成工作的前提下要尽量节约费用，提高系统的运行效益。单位会计电算化的日常管理和实施主要是通过各种制度的制定和实施来完成的。因此，应注意对制度的执行情况做经常性的检查。

第七章　中小企业与会计电算化

中小企业在国民经济发展中发挥着越来越重要的作用，但是中小企业在财务管理方面一直比较粗放，会计电算化在中小企业领域的发展以及实践更是远远滞后于企业发展的需要，这导致了中小企业会计电算化管理成为企业经营管理中非常薄弱的一环。调查发现，目前大部分中小企业的倒闭原因都是财务危机，而财务危机的爆发与企业会计电算化落后有着密不可分的联系，因此需要中小企业在会计电算化方面去不断努力，诊断审视会计电算化管理中的具体问题，并制定可行性的解决方案。

第一节　中小企业会计工作特点

一、中小企业的特征

由于中小企业在规模、财力和人力上都十分有限，因此允许一些小企业不设置会计机构，其会计工作由社会中介机构代理。

由于中小企业经济业务数量少，且交易简单，因此中小企业可以根据实际需要，对该制度规定的会计科目做必要的增减或合并。

由于中小企业组织简单，员工人数少，特别是管理人员极少，有时各项工作无法分工，因此允许一人统揽多项工作。

由于中小企业的划分是相对的，中小企业与大企业可以相互转化，因此充分考虑了《小企业会计制度》与《企业会计制度》的衔接。

中小企业规模小、资金少、人员少，一般处于开创或成长阶段，财务管理理念多奉行简单化和节约化，如对财务活动的预测、财务计划的编制，一般采用定性分析法和定额法等简单易行的方法；对财务活动的决策往往根据管理人员的经验进行判断；在财务管理的理念上着重考虑成本的节约。

中小企业的业主往往同时就是经理，企业任何财务活动的决策都由业主、经理人做出。他们没有必要像大型企业的经理那样一切为了公司市场价值的提高，全力追求物质目标。因此，我国中小企业的财务管理除了有物质方面的目标外，还有精神方面的目标，有时精神方面的目标在企业的财务管理决策中所发挥的作用甚至比物质目标还要大。

多数中小企业的出资人，既是企业的所有者又是企业的经营者；企业的资金来源基本靠内源型融资方式取得，企业很少有大的债权人；企业除了与国家存在经济利益关系外，只与为数不多的企业相联系。中小企业主要是通过市场交易产生交易关系和经济利益关系等，财务关系的处理相对简单。

中小企业的财务管理权往往集中在少数高层管理者手中，尤其是"家族型企业"。项目投资、资金划拨、融资筹资及日常的财务收支等财务管理活动都是由企业主要领导亲自审批的，财务管理权责比较集中。

一方面，由于中小企业财务管理活动涉及的时空范围狭窄，其资金流量和存量不大，因此，财务的组织规模相对较小，组织机构设置主张简单实用，而且综合管理职能突出；另一方面，我国中小企业中不乏"家族型"企业，企业高层管理者为了保持对财务的严格控制，设置的控制幅度较宽，组织层次则较少；在这种组织架构下，我国中小企业财务管理人员的注意力主要集中在"上司活动、任务、方便"，而非"顾客、流程、结果"。

二、中小企业会计核算的特点

（一）不要求计提长期资产减值准备

《小企业会计制度》仅要求对短期投资、应收款项及存货计提减值准备，不要求对固定资产、无形资产等长期资产计提减值准备。

（二）简化长期股权投资的核算

中小企业对外投资若采用成本法核算，在股权持有期间，对被投资单位宣告发放的现金股利或利润中属于应由本企业享有的部分，一律借记"应收股息"账户，贷记"投资收益"账户，不需要考虑冲减投资成本。若采用权益法核算，不需核算股权投资差额。

（三）简化长期债券投资的核算

长期债券投资溢价或折价摊销的方法均采用直线法。购入债券所发生的手续费等相关费用，不论金额大小，直接计入当期损益。

（四）简化借款费用的核算

中小企业在固定资产开始建造至达到预定可使用状态前所发生的专门借款的借款费用，均可资本化计入固定资产成本，不必与资产支出数相挂钩。

（五）简化融资租赁固定资产的核算

对于融资租赁固定资产的核算，中小企业以合同或协议约定应支付的租赁款，以及使固定资产达到预定可使用状态前所发生的其他必要支出来确定其入账价值，不必对未来现金流量进行折现，即不涉及"未确认融资租赁费用"的核算。

（六）采用应付税款法核算所得税

对于所得税的核算，规定中小企业采用应付税款法，而不采用税金影响会计法。

（七）简化财产损益的核算

中小企业不设置"待处理财产损溢"账户。对现金短缺或溢余、存货盘盈或盘亏、固定资产盘盈或盘亏直接记入相关账户核算。

（八）简化捐赠的核算

中小企业接受捐赠的材料、固定资产等非货币性资产，如果捐赠方提供了有关凭据，按凭据上标明的金额加上应支付的相关税费，确认为实际成本。如果捐赠方没有提供有关凭据的，按同类或类似资产的市场价格，加上应支付的相关税费，作为实际成本。

（九）减少对外会计报表

《小企业会计制度》规定，小企业只需提供资产负债表和利润表两张基本报表，而现金流量表则根据需要选择编制。

三、中小企业会计业务处理流程

第一步，日常经济业务发生时，业务人员将原始凭证提交给财会部门。由凭证录入人员在企业基础会计信息的支持下，直接根据原始单据编制凭证，并保存在凭证文件中。

第二步，对凭证文件中的凭证进行审核。如果审核通过，则对记账凭证作审核标记，否则，将审核未通过的凭证提交给录入人员。

第三步，登记日记账，出纳人员根据收款凭证和付款凭证，登记现金日记账和银行存款日记账。

第四步，登记各种明细账，一般单位根据业务量的大小设置各个会计岗位，即分别由多个财会人员登记多本明细账，如一个会计专门登记应收账款明细账；一个会计专门登记材料明细账等。

第五步，根据科目汇总表登记总账，总账会计根据记账凭证定期汇总编制科目汇总表，根据科目汇总表登记总分类账。

第六步，月末处理，由于总账、日记账、明细账分别由多个财会人员登记，不可避免地存在着这样或那样的错误。因此，每月月末，财会人员要进行对账，将日记账与总账核对，明细账与总账核对，做到账账相符。此外，财会人员月末还要进行结账，即计算会计账户的本期发生额和余额，结束账簿记录。

第七步，根据企业银行账和银行对账单中的银行业务进行自动对账，并生成余额调节表。

第八步，查询与生成报表，根据日记账、明细账和总账编制管理者所需的会计报表和内部分析表。

第二节　中小企业会计电算化实施模式

一、会计电算化对中小企业的意义

会计电算化就是将电子计算机和现代数据处理技术应用到会计工作中的简称，是用电子计算机代替人工记账、算账和报账，以及部分代替人脑完成对会计信息的分析、预测、决策的过程。电算化在中小企业中的应用对中小企业来说是在会计史上的飞跃，是将传统的手工会计向电算化会计转换，不仅在会计处理工具上给中小企业带来了改变，还在

会计数据的处理方式、处理流程以及组织机构上带来了改变，给中小企业带来的具体意义如下：

第一，增强了会计工作的规范性，保障了会计核算的质量。电算化实施后，对中小企业的会计数据来源提出了更高的要求，在对会计数据的处理过程中，电算化也能够对会计数据进行全程的控制，避免了手工记账不规范、容易漏记、错记的问题。这就在一定程度上使会计工作得到规范，保证了会计核算的质量。

第二，提高了会计工作的工作效率，减轻了会计工作的负担。中小企业在实施会计电算化后，大量的会计数据在计算、分类、归集、存储等会计核算工作都将通过计算机来完成，计算机在处理这些工作的效率是手工操作的几千倍、几万倍，大大提高了会计核算的工作效率。同时，会计人员也可以从原来的记账、算账、报账等烦琐的工作中解脱出来，就可以有更多的时间来提升自身的专业水平，更好地为企业管理者进行财务决策献谋献策。

第三，保证了会计数据处理的及时性、准确性和经济性。计算机不仅能够大量地贮存会计信息，而且能够以高速度、低成本、高准确性来对会计数据进行处理，可以为日常的会计核算工作提供更详细、更准确的会计信息。中小企业可以随时地通过计算机来了解财务报表，会计信息实现了资源的共享，大大地提升了会计信息的经济价值。

第四，提高了会计人员的素质。实施会计电算化后，也是对会计人员有更高的要求，使得会计人员为了适应工作的需要自觉地学习电算化知识，使自身素质得到进一步提高，逐渐将自己培养成现代化复合型会计人才。

二、中小企业构建会计电算化系统模式的实施方案

我们知道，中小企业规模迥异，生产经营特点千差万别，对会计电算化系统的需求各不相同。根据以规模较大、业务类型比较复杂、管理制度健全、会计电算化知识储备较多的中小企业为适用对象，以构建会计电算化系统为例，提出了中小企业的会计电算化系统实施方案。

（一）会计软件运行的硬件平台

计算机硬件系统是会计软件运行的硬件平台。为了适应企业经济发展的需要、拓展企业的业务发展空间、更好地与外界沟通与交流、提升业务的实时处理能力、最大限度地增加企业竞争力，本书认为中小企业应选择计算机网络系统作为其会计软件运行的硬件平台。在当前国内外会计软件向商品化、标准化、模块化和集成化发展的情况下，绝大多数会计

软件的运行对硬件平台并没有特殊要求。因此只要企业没有事先选购好会计软件，则在建立会计信息系统硬件环境时一般可以不考虑会计软件系统。从资源配置来讲，目前一般主流机的硬件配置均可满足需要。如果企业由于种种原因已经选定或开发出一套会计软件系统，则在建立计算机网络硬件系统时需要考虑该会计软件对硬件平台是否有特殊要求。同时在硬件平台配制过程中，网络设计是一个重要环节。设计计算机网络环境时一般要考虑企业会计信息系统发展策略、企业管理机构设置、业务处理流程等众多因素。网络解决方案是针对每个企业而言的，这里不可能给出一个标准的方案供众多企业共同使用。一般来说，企业网络方案的设计应聘请专业的咨询公司或系统集成商进行。

（二）会计软件运行的软件平台

计算机网络系统的运行环境，如网络操作系统、数据库管理系统等是运行会计软件的软件平台。软件平台的选择一般根据会计软件系统的要求进行，通常情况下是在选择好会计软件系统之后确定。如果在选择会计软件系统之前就已经建好了计算机网络系统、安装了微机与服务器操作系统及数据库管理系统，则在选择会计软件时就应考虑如何保护原有投资，充分利用现有资源。候选的会计软件系统应可以在已有的软件平台上运行。另一方面，根据单位业务处理要求选择最合适的会计软件系统时，并不一定非要迁就已有的软件平台，这需要在得与失上进行权衡和综合考虑。

（三）会计软件系统的安装

硬件平台和软件平台搭建完成之后，即可进行会计软件的安装。不同的财务软件，其安装方法各不相同，但都有安装向导予以提示，安装过程并不是很难。

（四）会计电算化岗位设置

实现会计电算化后，单位要根据会计电算化的特点和要求，加强对会计电算化系统使用人员和维护人员的管理，按照责、权、利相结合的原则，明确系统内各类人员的职责、权限，并与利益挂钩，健全岗位责任制。《会计电算化工作规范》中提出了建立会计电算化岗位责任制的原则：实行会计电算化的单位，要建立会计电算化岗位责任制，要明确每个工作岗位的职责范围，切实做到事事有人管、人人有专责、办事有要求、工作有检查。建立会计电算化岗位责任制，要有利于会计工作程序化、规范化，有利于提高工作效率和工作质量。中小企业在实施会计电算化过程中，可以根据内部牵制制度的要求和单位的实际情况，对原有会计工作岗位进行必要的调整和重新设定。按照《会计电算化工作规范》的要求及会计电算化工作的实际情况，实行会计电算化后的工作岗位可分为基本会计岗位和电算化会计岗位。基本会计岗位可分为会计主管、出纳、会计核算、稽核、会计档案管理等工作岗位。基本会计岗位与手工会计的各会计岗位相对应，基本会计岗位必须是持有会计从业资格证的会计人员。基本会计岗位可以一人一岗、一人多岗或多岗一人，只要符合内部牵制原则即可。

（五）会计电算化软件的操作流程

电算化环境下，其会计核算流程与手工会计核算流程基本相同，但核算过程中各环节的核算内容有很大差别。实际工作中，单位会计电算化核算流程因单位规模、类型和使用软件不同而在具体细节上也有所不同，但基本流程是一样的，主要是系统初始化、日常业务处理及期末处理。

总之，采用构建模式实施会计电算化系统的首要任务是做好财务软件的软硬件平台搭建，然后是软件的选择与安装、岗位设置及管理制度建设、会计基础工作规范化、计算机替代手工记账。会计核算软件的基本操作流程是首先进行系统初始化设置，然后是日常业务处理，最后是月末的对账结账工作。

第三节　中小企业会计电算化的问题

随着我国信息技术和电子信息产业的不断发展，传统的手工会计核算已不能适应当前中小企业管理的需要，会计电算化已融入中小企业信息化过程中。会计电算化不仅使财会人员解脱了传统繁重的手工操作方式，更为重要的是会计电算化适应了社会发展的总趋势，为未来的会计核算与信息的集成与管理拓展了新的空间，为会计人员的工作环境与工作方式方法提供了新的发展空间。就目前中小企业实行会计电算化而言，在实际工作中还存在着影响其发展的因素，为此，本书就中小企业会计电算化存在的问题进行分析，提出健全和完善会计电算化的方法和相关对策。

一、中小企业会计电算化的现状

（一）财务软件不能适应中小企业管理的需要

现在中国的中小企业绝大多数都使用了财务软件，只有某些较小的企业还停留在手工记账的阶段，或者刚刚引入电算化软件。企业使用的绝大部分是商品化的通用软件，最常见的是用友和金蝶，另外还有管家婆、小蜜蜂等价格较便宜的中小软件。在选购模块的时候也只选择了总账和报表模块，有需要的会增加固定资产和往来的模块，很少有用到供应链、成本管理和预算管理模块的。据统计，某地区实施会计电算化的中小企业中，95%设置了报表模块和总账模块，75%的企业设置了固定资产模块，极少部分企业使用其他模块。中小企业采用电算化的目的仅仅只是减少会计人员的工作量，或者从表面上改变会计核算的形式。

（二）中小企业会计人员不能熟练使用软件

中小企业的会计人员有一些是刚刚来实习的学生，如果在学校学习的软件和企业所用的软件不是同一品牌的，加上原本对软件就不是很熟悉，那么他们将会花费一定的时间来熟悉软件，这势必就影响了财务软件在企业的应用。另外，中小企业会计人员的流动性很大，有的人员熟悉软件后又离开公司，而新招来的人又需要一段时间来熟悉。这样一来，造成企业的软件没有得到持续充分的使用。而有的中小企业有一些年纪较大的会计，本身对于电脑知识就不是很熟悉，那就更不说是让他们熟练掌握财务软件了。即使有在中小企业工作多年的会计，很多也只是会填制凭证、自动生成账簿和报表。对于进行初始设置、设置多栏式账簿的格式、设置报表的公式等方面的技能却比较陌生，不能灵活运用软件处理会计数据、进行财务信息的加工和分析，也不能满足各方对财务信息的需求。

（三）忽视了会计信息的安全性

很多中小企业极少进行账套备份，他们认为账套的信息自动就存在电脑里面，无须另外再保存了。也不知道实现会计电算化的单位应坚持每天备份，且要双重备份，并分处分人保管，对于会计资料也没有定期打印保管。一旦电脑出现死机、病毒攻击，将会丢失大量的会计数据，给企业管理和决策带来重大影响。另外，一部分中小企业，没有对计算机病毒的防范意识，没有安装必要的杀毒软件，在安装电算化软件的电脑上也上网、玩游戏，造成黑客攻击，会计信息被窃取。还有的企业没有给电脑和操作员设置安全的密码，造成会计电脑非法开机，会计信息被人为破坏和窃取。

（四）会计电算化购置和使用过程中缺乏管理

中小企业由于规模小，没有足够的资金购置必要的财务软件和计算机，因此会计电算化工作迟迟不能正常进行下去。在某些企业财务软件的购置和管理都是财务经理说了算，总经理很少过问。但是财务经理大多都是站在会计核算的角度考核软件，不会从企业的全局来考虑到底采用什么样的财务软件能够更好地管理企业。在财务软件使用过程中，财务经理很少定期查看会计信息，监督会计从业人员的操作。

（五）会计电算化发展与推广的新要求

在会计电算化发展过程中，对于会计业务有一系列的新要求和新标准，主要表现在以

下几个方面：第一，管理思路与管理模式的转变。相关领导与相关部门要适应时代发展的新要求，转变发展观念，用正确的眼光接受会计电算化和推广会计电算化。第二，注意提高相关工作人员的业务素质。由于很多会计人员对于会计电算化的业务还不完全适应，所以相关机构和部门要注重对从业人员的业务培训，以便提高他们的业务能力。第三，对于安全性与保密性的新要求。由于会计电算化的工作过程都是经过电脑进行全程处理的，所以如果对于会计信息的安全没有提高认识的话就很容易出现问题。另外，还有一些会计业务的信息处理是通过互联网来完成的，所以，这些工作更需要从业人员对信息内容的保密做到足够的认识，并强化风险防范意识。

二、中小企业会计电算化存在的问题

虽然会计电算化为现代会计工作提供了极大的帮助，并且改变了传统的手上会计管理模式，但是，在会计电算化的运用及其发展过程中，也表现出它的不足之处，现在将会计电算化在运用和发展过程中所存在的不足之处分析如下：

（一）选择不合适的会计软件

目前大部分中小企业使用的会计软件都是各自向开发商购买的，但是在向开发商购买这些软件的时候却并没有结合本单位的实际业务处理需要而定制合适的会计应用软件。有的单位直接在开发商的协助下自行改动应用软件程序，从而导致软件在使用过程中出现各种问题。问题之一，不适用。由于大型财务软件设计上客观存在标准化和模块化的特点，中小企业的会计软件功能的运用必然存在缺乏灵活性的情况，因而难以真正达到符合中小企业灵活而有特色的经营需要。问题之二，高成本。由于中小企业自身的业务特性原因，有些软件功能极少使用或永远用不上而成为摆设，这样无形中提高了中小企业购买软件的成本。问题之三，排故障难。在会计电算化的运用过程中，由于会计软件开发人员对会计和财务管理业务不熟悉，一旦软件系统在会计工作环境中出现故障，中小企业内部会计人员无法排除故障而软件开发人员也很难将出现的问题解决好。如果上述问题处理不好的话，轻者延误会计及相关工作的开展，重者将会给中小企业造成巨大的经济损失。

（二）缺乏会计电算化复合型人才

在中小企业的会计电算化人才队伍中，不仅要能熟练掌握专业知识和业务技能，同时还必须要能熟练地掌握计算机操作。但是在现实中，很多人员的职业能力组成呈现以下两种态势；第一，在很多中小企业，能够熟练掌握计算机操作的人员不能够熟练处理相关的会计业务工作；第二，能够熟练掌握会计工作的从业人员对计算机的应用与熟练程度不高，难以完成复杂的会计电算化业务处理。另外，社会上比较流行的会计职业资格考试不能全面地表现出会计电算化的整个业务处理流程，即使能通过会计职业资格考试并取得相关证书，但真正能上会计岗位进行实际操作的人员毕竟还是少数。在上述情况下，中小企业中会计电算化复合型人才的短缺，既影响了中小企业的发展，也影响了会计电算化的进一步发展。

（三）会计电算化管理制度不完善

虽然会计电算化在一定程度上减轻了会计人员的工作量，但是会计电算化信息系统处理的无规律、不规范的信息数据，对于会计电算化工作的开展带来了许多新问题，提出了新要求。由于会计电算化管理制度在一定程度上还不完善，因此会计电算化管理也会出现问题。在从传统手工会计核算向会计电算化转换初期，会出现手工记账与计算机对会计业务的信息处理并行且时间长的情形，从而增加了会计人的工作量。一些中小企业会计软件的实际应用人员由于业务不熟练，对计算机的使用不得当，对于信息保存和处理的操作方式方法存在一定的疏忽或者大意，一旦当软件系统出现故障时很容易造成会计数据的丢失；有的中小企业在岗位分工上仍然采用传统的会计分工方式，业务流程也未有改变，制定的管理制度形同虚设；有的中小企业负责人甚至简单地认为传统的会计管理制度已经很细致，足够涵盖会计电算化，不需要做调整。其实，这仅是停留在表象层次上来看待会计电算化问题罢了。

（四）未充分认识到会计电算化的重要性

随着我国会计电算化事业的迅速发展，会计电算化在中小企业中的运用越来越重要。但在中小企业中仍有许多领导对会计电算化的重要性认识不到位，他们认为会计电算化就是买几台计算机给财务部门使用，认为会计电算化就是单纯利用计算机代替传统的会计记账，对中小企业建立完整的会计信息系统的重要性认识不够，从而导致相关管理部门未能将其摆到应有的位置。另外，有一些会计人员则满足于现状，对提高会计电算化应用水平缺乏足够的重视。尽管有的中小企业实现了会计电算化，但仅仅是计算机软硬件方面的改善，电算化软件不能及时更新，财务人员未得到有效的培训，这样阻碍了会计电算化工作水平的提高。

在实际情况中，中小企业在经营上有着自身的特点，即规模小、投资少、操作便利、抗风险能力差、投资融资单一、经营灵活等。基于以上经营特点会计电算化在中小企业中的实施势必会存在一定的问题，主要表现在以下几个方面：

第一，缺乏对会计电算化重要性的认识。在我国大多数的中小企业中都普遍存在着缺乏对会计电算化重要性的认识，没有认识到会计电算化对企业发展的重要作用。一方面，很多中小企业的领导者认为会计电算化只是改变了会计核算方式，只是将会计信息的存储方式由纸质资料变为了电子资料，并没有认识到电算化在中小企业财务管理中的作用，同时由于实施会计电算化需要投入大量成本，中小企业由于规模较小、投入资本较少，大多数的中小企业管理者为了节约成本也忽视了会计电算化的运用；另一方面，由于中小企业的财务人员长期受到传统会计观念的影响，在思想上不能很快地接受会计电算化，同时也对电算化带来的作用抱着观望的态度，这就在很大程度上影响了会计电算化的实施效果。

第二，会计电算化内部控制制度不健全。实施会计电算化后，在会计岗位的职责分工方面也与手工会计有所区别，要按照电算化条件下的内部控制制度进行重新的划分。大多数中小企业并没有建立起职责分工控制、授权控制、软件的保密安全控制、运行控制等制度措施。有些中小企业并没有书面的财务制度，会计电算化也没有一个规范来制约，这样必然阻碍了会计电算化的发展。在会计账务处理方面，当我们在做账出现错误时，按照手工方法记账要求有修改的痕迹，例如，划线法、红字冲销法等，然而在实施会计电算化后，当会计人员录入了错误凭证后，由于大部分的会计软件都设立了凭证作废、凭证修改的功能，修改后完全看不出修改的痕迹，这样就给会计电算化的审核工作带来了难度，内部控制很难实施。

同时，我国大部分的中小企业缺乏相应的审计制度，从事审计工作人员的素质并不是很高，对会计电算化系统的建立以及存在的风险的了解又是少之又少，更不要说对会计电算化系统进行审计。即使是有的中小企业设立比较严格的审计制度，但是在实施会计电算化后，审计的对象和线索都发生了很大的变化，审计的手段也应该随之变化，然而中小企业的审计技术在短时间还不能适应电算化的需要，这就在一定程度上影响了审计的效率。

第三，财务人员缺乏会计电算化知识。会计电算化给财务人员提出了更高的要求，然而对于中小企业的财务人员来说由于受到其经营规模以及资金的限制，财务人员会计电算化水平并不是很高。一方面，许多中小企业的财务人员并不具备较高的会计业务处理水平，有的只是凭靠关系上岗，造成了大量会计人员无证上岗的现象，即使是录用了一些老会计，他们对会计电算化的掌握更是少之又少，另一方面，中小企业由于经营规模有限，很难吸引高素质的会计电算化人才，即使是录用了一些会计电算化人才，也不是对电算化会计有很深入的了解。

第四节　中小企业会计电算化的完善

一、完善中小企业会计电算化的途径

（一）充分认识会计电算化的重要性

企业领导要认识会计电算化的重要性，大力支持会计电算化的发展。一方面要购买必要的电脑、打印机、存储光盘等硬件设施；另一方面，要购买会计电算化软件，积极将财务人员送出去培训或者请一些会计电算化老师来企业培训指导，从而尽快提高本企业会计电算化人才的素质。

企业的财务人员在具体的工作中，要积极学习会计电算化知识，协调好会计电算化和手工会计之间的关系，处理好会计电算化软件各功能的权限，做好会计电算化档案的保管工作。

为了适应会计电算化的发展要求，企业需要一批复合型的会计电算化人才，也就是需要既懂计算机技术，又懂会计知识的人才。一方面，企业可以与高职院校进行校企合作或订单式培养，引进一批既懂计算机技术，又懂会计知识的复合型人才；另一方面，企业发挥现有的资源，将企业有丰富做账经验的财务人员送出去培训，系统地学习会计电算化知识。这样一来，企业既有经验丰富的财务人员，又有学习先进技能的会计电算化人才，两者相互结合、取长补短，成为企业真正的、合格的会计电算化人才。

（二）加强会计电算化软件安全

建立严格规范的会计电算化使用制度，明确会计电算化人员的职责分工。各操作人员要妥善保管好自己的用户名和密码，并定期更换，确保会计电算化系统安全。还要对工作环境加以控制，严禁无关人员进入计算机工作区域。

安装正版的系统软件和杀毒软件，利用防火墙技术、加密技术、身份验证技术等安全手段，不断更新系统和杀毒软件，防止信息在传输过程中泄密，保证财务信息的使用安全。

做好会计电算化设备和会计电算化档案的防火、防盗、防潮工作，特别是对磁性存储介质，还要做到防磁保护。

（三）建立相应的会计电算化制度

目前，国家和相关部门已经先后出台了《会计电算化管理办法》《会计核算软件基本功能规范》《会计电算化工作规范》《商品化会计核算软件评审规则》等相关制度。各企业还要进一步制定本企业的会计电算化管理制度，制定具体的岗位职责、操作制度、维护制度、档案制度和财务管理等制度。对于重要的数据要及时备份，对于存储的磁性介质要定期重新备份。

（四）改善会计电算化软件的功能

目前的会计电算化软件品种繁多、质量各异，没有统一的标准和要求，大多都是简单的核算软件，不能满足企业管理的需求。会计电算化软件发展的趋势，应该是由核算功能转向管理功能，各模块之间要充分衔接，做到数据共享。另外，会计电算化软件也要不断地升级，通过下载升级包或在线升级，进一步完善现有财务软件的功能。

二、完善中小企业会计电算化的对策

（一）提高会计电算化意识

会计电算化作为现代企业必不可少的管理工具，如果中小企业单纯的将其看作是代替手工记账的工具，就不能更好地发挥会计电算化的作用。因此，中小企业的领导者要高度注重会计电算化的重要性，将会计电算化提高到一个更高的水平。

中小企业实施电算化不仅要在物质上做好准备，更要在意识上提升高度。首先，中小企业的管理层要全力支持会计电算化，要加大对先进会计软件的使用力度和资金投入力度，并参与到相关的软件培训中去，其次，中小企业的财务人员也要重视会计电算化的作用，由传统的会计核算理念向会计电算化理念转变，结合工作实际深刻理解会计电算化的真正工作内涵，保证会计电算化工作的顺利进行。

（二）完善内部控制制度

中小企业内部审计部门可以在一定程度上对会计电算化工作进行约束，可以保证会计人员正确合法的完成会计核算工作，内部审计可以通过以下几点来对会计工作进行规范：第一，检查会计电算化的各个系统，防止电算化漏洞的出现；第二，对电算化财务数据进行定期的审计，检查是否按照《会计法》进行账务处理；第三，确保计算机存储的数据与书面记录数据相符，做到账证相符、账实相符。

同时，为了使会计电算化在中小企业中得到健康的发展，建立相应的管理制度是必不可少的。我们可以从加强管理和内部控制两个方面入手：一方面从管理措施方面来看，中小企业可以加大对财务人员上岗资格的审核力度，在上岗后明确电算化的操作权限，对数据备份进行严格的管理；另一方面，从内部控制方面来看，要使不相容的会计岗位相互分离，让会计人员之间相互制约，同时也要建立适当的保密制度，对删除财务信息必须通过授权才能进行。

（三）积极引进高素质的会计电算化人才

高素质的会计电算化人才是保证会计电算化工作顺利进行的保障，中小企业一方面要加大对高素质会计电算化人才的引进力度，高素质的电算化会计人才不仅具备较高的业务处理能力，而且还能熟练地运用计算机对会计业务进行处理，有助于提高中小企业的会计电算化水平，另一方面，中小企业要充分发挥自身的主观能动性，加大对现有财务人员的培训力度，鼓励他们参加"学术交流会"，使会计人员尽快地接受会计电算化，实现传统会计核算方法向现代化会计核算方式的成功转变。同时，中小企业也要鼓励会计人员参加国家相关会计电算化考试，通过考试来提升自身的综合素质。

可以看出，会计电算化对中小企业来说起着重要的意义，中小企业要提高对会计电算化的重视程度，结合自身会计电算化中存在的问题，通过完善内部控制制度、培养会计电算化人才等方法来提高本企业的会计电算化水平，这样才能保证会计电算化在中小企业中得到长期的发展，中小企业才能适应时代的需要，不断的发展壮大。

总之，会计电算化是随着电子计算机技术产生的，也将随着电子计算机技术的发展而逐步完善。只有以正确的眼光突破传统会计的观念和理论，推行会计电算化，广泛应用会计电算化为中小企业带来的便捷服务，才能使中小企业的会计工作上升到一个更高的管理空间，才能使会计电算化为提高中小企业和相关部门的经济效益发挥更大的作用。

第八章 云平台与会计电算化

随着科学的不断发展与进步，云平台的出现给人们带来了很大的方便，在云平台的基础上构建会计电算化，对其有重大的意义。

第一节 云平台概述

一、云平台的定义

云平台是转向云计算（cloud computing），是业界将要面临的一个重大改变。各种云平台（cloud platforms）的出现是该转变的最重要环节之一。顾名思义，这种平台允许开发者们或是将写好的程序放在"云"里运行，或是使用"云"里提供的服务，或二者皆是。至于这种平台的名称，现在我们可以听到不止一种称呼，比如按需平台（on-demand platform）、平台即服务（platform as a service，PaaS）等等。但无论称呼它什么，这种新的支持应用的方式有着巨大的潜力。

应用平台（application platforms）是如何被使用的。开发团队在创建一个户内应用（on-premises application，即在机构内运行的应用）时，该应用所需的许多基础都已经事先存在了：操作系统为执行应用和访问存储等提供了基础支持；机构里的其他计算机提供了诸如远程存储之类的服务。倘若每创建一个户内应用都得首先构建所有这些基础的话，那么恐怕我们今天看到的应用会少很多。

同理，倘若每一个希望创建云应用（cloud application）的开发团队都得首先构建自己的云平台的话，那么我们今后看到的云应用将寥寥无几。幸运的是出现了一些致力于解决此问题的厂商，今天有很多云平台技术可供我们使用。本书的主旨即从企业应用创建者的角度来分类并简要介绍这些技术。

二、三种云服务

为掌握云平台，我们先从大体上考察一下云服务。我们可以把通过"云"提供的服务分为三大类。

（一）软件即服务（Software as a service，SaaS）

SaaS 应用是完全在"云"里（也就是说，一个 Internet 服务提供商的服务器上）运行的。其户内客户端（on-premises client）通常是一个浏览器或其他简易客户端。Salesforce 可能是当前最知名的 SaaS 应用，不过除此以外也有许多其他应用。

（二）附着服务（Attached services）

每个户内应用（on-premises application）自身都有一定功能，它们可以不时地访问"云"里针对该应用提供的服务，以增强其功能。由于这些服务仅能为该特定应用所使用，所以可以认为它们是附着于该应用的。一个著名的消费级例子就是苹果公司的 iTunes：其桌面应用可用于播放音乐等等，而附着服务令购买新的音频或视频内容成为可能。微软公司的 Exchange 托管服务是一个企业级例子，它可以为户内 Exchange 服务器增加基于"云"的垃圾邮件过滤、存档等服务。

（三）云平台（Cloud platforms）

云平台提供基于"云"的服务，供开发者创建应用时采用。你不必构建自己的基础，你完全可以依靠云平台来创建新的 SaaS 应用。云平台的直接用户是开发者，而不是最终用户。

要掌握云平台，首先要对这里"平台"的含义达成共识。一种普遍的想法，是将平台看成"任何为开发者创建应用提供服务的软件"。

三、应用平台的一般模型

我们今天对应用平台（application platform）的认识，主要来源于户内平台（on-premises platforms）。因此，一种思考云平台（cloud platforms）的方式，就是考察应用开发者在户内环境里所依赖的服务（services）是如何转变为"云（cloud）"的。

无论在户内环境，还是在"云"里，我们可以认为一个应用平台（application platform）包含以下三个部分：

一个基础（foundation）：几乎所有应用都会用到一些在机器上运行的平台软件。各种支撑功能（如标准的库与存储，以及基本操作系统等）均属此部分。

一组基础设施服务（infrastructure services）：在现代分布式环境中，应用经常要用到由其他计算机提供的基本服务。比如提供远程存储服务、集成服务及身份管理服务等都是很常见的。

一套应用服务（application services）：随着越来越多的应用面向服务化，这些应用提供的功能可为新应用所使用。尽管这些应用主要是为最终用户提供服务的，但这同时也令它们成为应用平台的一部分。（也许你要奇怪，为什么要把别的应用视为平台的一部分，但在面向服务的世界里是这样的。）

开发工具也是另一个重要部分。现代工具可以帮助开发者们运用应用平台的这三个部分来构建应用。

为了对这个抽象模型有具体的认识，下面我们将它与今天主流的户内平台加以对照。户内基础（on-premises foundation）包括以下几个部分：

（1）（Operating system）：Windows、Linux 及其他版本的 Unix 是主流选择。

（2）本地支持（Local support）：不同风格的应用采用不同的技术。例如，NET 框架和 Java EE 应用服务器为 Web 应用等提供了一般性支持，而其他技术则面向特定类型的应用。比如 Microsoft Dynamics CRM 产品提供了一个为创建特定类型的商业应用而设计的平台。类似地，不同种类的存储被用于不同目的。Windows、Linux 及其他操作系统里的文件系统提供了原始字节的存储功能，而各种数据库技术（比如 Oracle DBMS、MySQL、Microsoft SQL Server 及 IBM DB2 等）则提供了更加结构化的存储功能。

对于户内基础设施服务（on-premises infrastructure services），典型例子包括：

（1）存储（Storage）：跟基础里的存储一样，基础设施里的存储也分为多种风格。远程文件系统可以提供简单的面向字节的存储，而 Microsoft Share Point 文档库可以提供更加结构化的远程存储服务。应用也可以远程访问数据库系统，从而能够访问其他种类的结构化存储。

（2）集成（Integration）：把机构内部的应用连接起来，通常要依赖于某种集成产品提供的远程服务。比如，消息队列（message queue）是一个简单的例子，IBM 的 WebSphere Process Server 及微软的 BizTalk Server 等产品可用于更加复杂的场景。

（3）身份管理（Identity）：对许多分布式应用而言，提供身份信息是一个最基本的需求。常见的解决此问题的户内技术包括微软的 Active Directory（活动目录）及其他 LDAP（轻量级目录访问协议）服务器。

至于户内应用服务（on-premises application services），不同机构间差别很大。原因很简单：不同机构使用的是不同的应用，因而它们暴露的服务也五花八门。对于这些户内平台里的应用，一种思考方式是将它们分成两大类：

（1）套装软件（Packaged applications）：这包括像 SAP、Oracle Applications、Microsoft Dynamics 在内的许多商业软件，以及许许多多现成的产品。虽然不是所有套装软件都向其他应用暴露服务，但越来越多的套装软件是这么做的。

（2）定制应用（Custom applications）：许多机构对定制软件进行了大笔投资。随着这些应用逐渐将其功能以服务的形式暴露出来，它们也将成为户内应用平台的一部分。

实际上户内应用平台是随着时间的推移而不断演化的。在计算技术的早期，应用平台只包含一个户内基础（比如 IBM 主机上的 MVS 和 IMS）。到了八九十年代，随着分布式计算的普及，户内基础设施服务也加入了进来（远程存储、集成和身份管理成为十分常见的服务）。时至今日，随着面向服务的应用的出现，户内应用服务也成为应用平台的一部分了。下一步发展是毫无疑问的，即在"云"里提供这三个部分。

上面那个一般模型描述的是户内平台，但它同时也可被用来考察云平台。另外，因为户内平台与云平台可以一同使用，所以理解它们如何一起工作也是十分重要的。

正如户内应用（on-premises application）是构建于户内基础（on-premises foundation）之上的，云应用（cloud application）也可以构建于云基础（cloud foundation）之上。无论是户内环境，还是"云"里的基础设施与应用服务，均可为这两种应用所使用。户内平台为我们今天的应用提供支持，类似地，云平台为我们明天将构建的应用提供服务。

云平台是由搭载了云平台服务器端软件的云服务器、搭载了云平台客户端软件的云电脑以及网络组件所构成的，用于提高低配置或老旧计算机的综合性能，使其达到现有流行

速度的效果。

四、大企业云平台

（一）UAP 平台

用友 NC 采用 J2EE 架构，致力于构建先进、开放的集团企业云计算应用平台，为集团企业提供建模、开发、集成、运行、管理一体化的 IT 解决方案。NC 以"高智能、高性能、高可用"成为中国集团企业商业模式创新、管理和竞争力升级的信息化平台。

（二）弹性虚拟计算

弹性虚拟计算根据企业不断变化的组织架构、管控模式和业务需求，为企业云应用服务快速提供动态、灵活、弹性、虚拟、共享和高效的计算资源服务。

（三）智能监控运维

智能监控运维实现对计算资源、存储资源、网络资源、云应用服务进行 7*24 小时全时区、多地域、全方位、立体式、智能化的 IT 运维监控，保障 IT 系统安全、稳定、可靠运行。

五、云服务平台

Gleasy 是一款面向个人和企业用户的云服务平台，可通过浏览器及客户端两种方式登录，平台包括即时通讯、邮箱、OA、网盘、办公协同等多款云应用，用户也可以通过应用商店安装自己想要的云应用，该平台通过平台自身的产品服务与整合能力，将孤立的在线云应用有机联系起来。

Gleasy 平台由杭州格畅科技研发，坚持精耕细作的发展方式，整个技术团队历时 3 年的磨合，若干方面的技术已经比较拔尖，在研发产品的能力上亦处于国内比较领先水平。实现的发明专利超过 20 件，拥有自主研发的分布式文件系统、分布式即时通讯系统、海量实时检索解决方案、分布式文件处理解决方案、分布式数据库、分布式多级缓存以及众多自主研发的中间件及研发框架。

Gleasy 从"系统"上看由三个层次组成：基础环境、系统基础应用、第三方应用。

基础环境为运行和管理云应用的基础环境，包括 Gleasy 桌面、账号管理、G 币充值与消费、消息中心等。系统基础应用主要包含一说（即时通讯）、一信（邮箱）、一盘（文件云存储及在线编辑）、联系人（名片、好友动态、个人主页）、记事本、表格等在线编辑工具及图片查看器、PDF 阅读器等辅助性工具。

第三方应用接近于 PC 上的可安装软件，或智能手机中的 App。第三方应用经过改造后可入驻，目前有美图秀秀、金山词霸、挖财记账、虾米音乐等应用。

六、折叠移动营销云平台

移动营销云平台由厦门米讯网络科技有限公司研发并运营。凌云，企业移动整合营销云平台，帮助企业一站部署、开展移动互联网全网营销。凌云采用领先的自动化编译引擎系统，便于企业快速、低成本、一次性建立个性化的企业 App、手机网站及微信企业官方主页，完成移动互联网全网渠道部署。同时，凌云提供的操作简单、智能化的自营销工具，让企业轻松展开移动互联网营销。

凌云云平台为 SaaS 模式，即软件即服务模式。凌云为企业提供开展移动营销所需的软件、硬件、网络设施等，并负责所有前期的实施、后期的维护等一系列服务，企业无须开发软件、购买硬件、建设机房、招聘人员，即可通过凌云云平台轻松开展移动营销。

七、产品特点

（一）UI/交互设计定制化

凌云产品最大特点是 UI 界面、交互风格、动画效果、页面布局均可任意设计，不受引擎限制。定制化的 UI 界面，可以体现企业的个性化、高端品牌形象。

（二）一次编译全渠道覆盖

UI 界面设计完成后，可在 5 分钟内同步编译生成 App（跨 android、ios 两个平台）、手机网站及微信企业官方主页。无须再编写代码，引擎自动编译，且一次编译全渠道覆盖。

（三）内容管理云端同步

凌云，云端同步管理 App、企业官方微博、微信企业官方主页、手机网站四大渠道的内容。无须多个后台、无须多次发布，无须多个供应商，凌云一站搞定，方便快捷。

（四）百种功能组件

凌云具有上百种功能组件，企业可随意选择，满足营销需要。

（五）提供傻瓜式营销工具

凌云管理后台系统为企业提供傻瓜式一键营销工具，企业无须专业人员也能方便的做好移动互联网营销。

八、核心技术

凌云云平台由自动化编译引擎、CMS 云端管理系统、销售管理系统、CRM 管理系统、服务器动态配置系统和用户行为分析系统、营销工具系统组成。

自动化编译引擎将 App、手机网站、微信企业网站划分为界面层和功能层。界面层可进行个性化设计，体现高端效果。功能层将功能模块组件化，通过 UI 布局文件直接调用。自动化编译引擎可 10 分钟生成个性化的 App、手机网站、微信网站。

CMS 云端管理系统通过微博、微信、App 统一的接口规范，进行信息同步发布，同步处理。同时提供自动化的维护工具（如：定时自动发布工具、素材搜索器等），便于企业一键进行内容维护。

销售管理系统由于销售需求记录及销售展示功能，通过可视化的销售系统，准确把握用户需求。

CRM 管理系统为企业提供客户关系管理工具。

服务器动态分配系统通过服务器动态分配，确保用户使用速度，降低服务器成本。数据分析系统为企业提供用户行为统计分析工具，便于及时调整营销策略。

自营销工具系统为用户提供操作简单的智能化自营销工具，让用户无相关经验也能快速开展移动营销。

第二节　云平台对于会计电算化的意义

随着市场经济发展与改革的不断深入，中国企业逐渐走向集团化、多元化、产业链化和国际化。经营的全球化对企业会计处理技术、会计查询技术、会计报告技术提出了新的挑战。云会计作为现代会计信息处理技术正改变着会计人员对企业信息的处理方式，一种新的会计异地办公模式打破了传统会计信息系统架构方式。云会计的应用为企业实现远程记账、远程报表、远程控制、远程报税，实现财务人员移动办公、网上理财、财务数据的集成提供了更好的技术保障，也对会计电算化教学提出了新的要求。

随着云计算、大数据处理技术的发展，云技术的应用风起云涌。国内最大的财务软件供应商用友软件股份有限公司、金蝶国际软件集团有限公司于 2010 年相继提出了云会计的战略布局，并在金蝶的友商网提供了在线会计服务、用友伟库网提供了网上记账平台，云会计正逐渐改变着中国企业会计信息的处理技术。

一、云会计的定义

云会计是当今科学技术发展的必然产物。人们在会计工作中想要得到更高的效率以及希望会计工作能够获得较多的效益，为此，相关科学研究者以及设计师便开发了一种满足人们会计工作需求的系统——云会计。云会计是一种以计算机为平台、以互联网为基础、利用的信息系统，可以为企业提供会计核算、会计管理以及会计决策等服务，因此，云会计系统被广泛地应用到企业会计工作中。另一方面，关于云会计的内涵可以从两个方面来理解，即软件服务提供商与企业用户两方。第一，对于软件服务提供商来讲，云会计服务是由硬件基础与软件基础组成，硬件基础最主要的就是计算机平台，其他硬件包括服务器、网络存储器、集成管理系统等，而软件基础由以下几种内容构成，例如：构成会计信息系统的各种组件、保证会计电算化正常工作的各项服务等。因此，云会计就是会计电算化系统通过云计算机技术而建立起来的。第二，对于企业用户来讲，通过相关服务系统以及软件来处理会计工作的内容，只需要通过支付服务费即可享受这种服务。云会计是一种以互联网为基础、计算机为平台，通过支付一定的服务费用即可享受到会计电算化系统的服务。

二、云会计在会计电算化中的应用要点

云计算是通过服务器、存储设备以及数据中心虚拟化等设施而发展过来的，它能够有效地利用这些设施而为企业提供信息管理业务的服务。而云会计的概念以上都有简单的陈述，这里就不再介绍了。云会计所带来的效益是显而易见的，因此，被广泛地应用到各个企业经营管理工作中。那么"云会计"的应用要点有哪些方面？

（一）解决成本

云会计是通过支付一定的服务费用才可以使用其系统进行会计工作，关于使用资源的多少以及使用长短都可以根据企业自身需要来进行选择。企业通过云计算等基础设施来进行管理工作，不仅可以节省大量的成本，而且还缓解了企业资金周转的问题。另外，还不需要支付基础设施的成本费用，而且还可以通过云计算来获得最新的基础设施以及软件平台，从而企业管理当中所遇到的问题获得最佳解决方案。

（二）维护

在云计算没有研发出来之前，企业会计电算化需要大量的基础设施，并且还需要对这些基础设施考量成本费用以及安全使用问题，而其中会计电算化的软件产品通过软件供应商安装以后，其维护与安全都由企业自己管理，如果一旦发生软件破坏，就会花销更多的价格来对其进行维修。不仅如此，企业还需要对硬件的维修、升级、管理、维护等投入更多的人力、物力、财力等。而云计算的发展促进了云会计的出现，企业通过以租赁的方式来运用云会计系统，如此一来，大大节省了会计电算化方面的支出。另一方面，采取这种

方式不仅不需要投入相关维护管理人员，而且也不需要考量安装与维护会计信息系统的时候需要投入多少人力、物力、财力等问题。因此，云会计的应用使得企业获得更高的经济效益与社会效益，从而推动企业走向可持续发展的道路。

（三）管理

由于云会计所提供的服务都是针对性、专业性的，因此，企业对其应用的时候都能很好地满足其对会计电算化的需求。同时，云会计还可以及时为企业提供最新技术，从而使得企业能够避免出现会计电算化方面的风险，并且还能够为企业节约更多的成本。云会计的应用能够给企业会计人员提供更专业的服务，从而提高他们的工作效率。

（四）可靠性

云会计将所有基础设计以及互联网连接的服务器集合在一起，同时，还可以将会计电算化软件以及数据根据企业会计人员的需求存放于不同的地方。另外，云会计中还包括服务方提供的虚拟化数据库管理、专业通信设施以及收费机制等，因此，在专业团队的管理下，企业相关会计信息资料具有一定的可靠性以及安全性，并且与传统的数据中心相比较而言更有优势。

（五）拓展性

由于云会计是通过云计算的基础上实现的，因此，它具有云计算的技术特点，具体有以下几点体现：一是可以在硬件冗余故障的时候能够自动切换，二是可以自动升级，同时，在进行工作的过程中不会中断停止服务，加上存储容量不再受到物理硬盘的限制，而可以有效地对数据容量进行扩充，从而保障存储容量负载均衡。因此，在应用云会计的时候可以及时有效地调整中心信息系统，从而满足会计人员对会计电算化的需求。

三、云会计的意义

云会计能够有效地为企业在会计电算化运用方面提供技术保障和支持，让企业可以直观地了解自身财务状况，掌握市场经济的发展状况，从而加深对市场竞争的敏锐程度，及时发现并掌控风险，提前制定调整方案。云会计在会计电算化中的推广和应用，将有效降低企业的资金投入成本，帮助企业实现科学合理的电算化管理，能够加强财务会计管理和研究的可靠性、真实性和安全性。云会计模式的投入将对企业财务会计管理和发展产生深远的影响，企业也将在实际的运用和操作中进一步对云会计的使用提出改进和创新。

第三节　云平台环境下电算化体系的构建

云会计是构建于互联网上，并向企业提供会计核算、会计管理和会计决策服务的虚拟会计信息系统，其实质是利用云技术在互联网上构建的虚拟会计信息系统，完成企业的会计核算和会计管理。随着"云"计算产业的发展，为企业信息管理系统业务转移到"云"计算上提供了极大的便利。基于云计算的会计信息系统将成为会计信息化发展趋势，也对会计电算化课程模拟实训提供了新的模式。

一、会计电算化的发展过程

20 世纪 80 年代，我国首次进行了会计电算化试点，90 年代初，国内涌现了像用友、金蝶这样有国际影响力的管理软件供应商，他们与学校合作积极探索，推动会计电算化实践教学的体系建设，为学生进行会计电算化实训提供了更好的实践平台和环境。90 年代末，随着 ERP 管理思想的引入，会计电算化的教学和实践发生了重大改革，学校在会计电算化课程的培养目标、教学计划，教学内容和会计电算化教学上都基于企业管理思想。2010年国内最大的财务软件供应商用友软件股份有限公司、金蝶国际软件集团有限公司相继提出了云会计的战略布局，并在用友伟库网、金蝶的友商网提供了在线会计服务，提供了网上记账平台等会计处理模块，云会计正逐渐改变着我国企业会计信息的处理方式。会计处理技术和网络技术的发展，改变着传统的会计电算化课程的教学计划、教学内容和教学目标，对会计电算化课程的模拟实施平台提出了新的挑战。

二、云会计的优势分析

（一）降低了企业会计信息化建设的成本

传统的会计信息系统的架构模式是企业自己购买服务器，自己购买软件的方式，各总公司和分公司有各自会计信息系统处理软件和存储平台，信息平台的建设成本高、实施速度慢、信息的共享性差。基于云平台的会计信息系统的建设不再需要企业自行配置服务器和应用软件，企业只要配置能上网的工作站点，利用供应商提供的云会计平台进行企业会计信息化应用。总公司和分公司都能享用同一个云会计平台，数据的共享性好，数据可集中管理和汇总。企业按流量付费，可随时增减会计信息系统处理模块，软硬件的建设和实

施成本明显降低。

（二）实现小企业大系统的会计信息系统架构模式

传统的会计信息系统架构模式是按照软件的功能模块进行购买的，软件购买成本高。中小企业受资金和人才的限制，应用的会计信息系统软件在功能和软件的先进性上受到很大的制约。随着云计算技术的发展，云会计平台的实施更好地解决了软件的购买成本，中小企业与大企业一样能享用最先进、实时、高共享性的会计信息系统应用软件和服务。企业根据自身的需求更改企业的需求模块，软件不再出现重复购置现象，也无须为软件的升级和维护进行人员配置。真正实现小企业、大系统的会计信息系统应用，为企业长远战略规划提供平台和软件保障。

（三）真正实现信息系统的实时交流与共享

当企业的财务数据只有在你的审核后才能进入下一流程，而你却在遥远的美国洛杉矶，此时，云会计的网络实时处理与共享性就能轻而易举地帮你解决远程数据的实时处理。云会计数据可以通过任何网络的终端输送到云端处理，可以实时记录和跟踪业务处理的相关会计信息并及时进行会计处理、分析。能及时将处理数据传递给银行、税务、资本市场、证券市场和政府机关，会计数据的高共享性和协同处理变得简单易行。

（四）提高数据的收集和处理能力

基于云平台的会计信息系统不再是一个信息孤岛，通过云计算供应商提供的信息服务，企业可以轻松获取大量企业之外的信息，有助于加强企业的会计信息数据收集和处理能力。云会计平台增强了企业内外部数据的协同处理。在高度发达的云会计平台上，公司内部会计核算有着良好的一体化流程，通过信息流协同，合理配置企业资源。从企业外部看，企业之间通过对云会计平台信息进行共享，随时了解各企业的需求。

（五）促进会计信息资源的整合和协同处理

云会计的发展将推进企业财务流程全部搬至线上进行企业信息系统处理。在云计算系统的支持下，公司的财务数据将通过私有云存储进行数据交换，不同级别的云中，授予不同的相关人员以查看、修改、更新数据的权利，通过云资源池的数据进行统一交换，财务数据的资源整合及协同处理变得简单易行。

基于云平台的会计数据资源池具有统一的数据格式和存储标准，财务分析部分和企业内部审计部门可通过同一平台进行数据交换和查询。通过可扩展商业报告语言 XBRL，可以实现企业数据的自动归集、整理、比较，减少信息使用成本，提高会计信息质量。

三、基于云计算的会计电算化模拟实训研究

（一）云会计平台的选择

云会计的发展为会计电算化的实训教学提供了优秀的软件模拟实训平台，它很好地解决了传统教学过程中设施建设成本高、软件版本过低等问题。但同时，软件实施平台的选择成了基于云会计实施的主要问题，云会计平台的好坏，直接影响到学生对云会计的理解和模拟实训的效果。

（二）云会计模拟实训课程教学计划的制定与实施

传统的会计电算化实训主要是基于ERP的管理思想的流程进行的，随着云会计的发展，在传统会计电算化教学实施的基础上，云会计的资源整合、协同管理、异地办公的管理思想显得同样重要，如何建设一个基于云平台的、数据协同性强，可实现异地处理的会计实训平台，建设一个新的教学实施计划显得更为重要。

（三）教学工具的应用与选择

传统的会计电算化实训过程中，学生一般通过学校机房的台式机进行，随着云会计平台的实施，教学过程中应转变观念，实训过程除了利用台式电脑外，还可以利用移动手机、iPad等进行移动会计实训，提高学生移动办公的意识。学生也可以通过在寝室进行云会计平台的实施，以达到移动学习和练习的效果。

（四）云会计模拟实训教材的选择

随着云会计技术、云会计实施平台的发展和完善，为保证专业设置，人才培养目标与社会发展走向一致。在教材选择上，应注重选择先进的云会计科学技术，注重与职业岗位规范相适应，强调网络教学和实践能力的培养，突出教学内容的实用性和针对性和知识的扩展性的教材。以更好地促进会计实践教学，促进学生更好地适应企业经营的全球化对企业会计处理技术、会计查询技术、会计报告技术新的要求。

（五）模拟实训结果的总结和评价

基于云平台的会计电算化实训教学的考核可采用学生平时上机练习和期末考核相结合的方式进行检查，针对学生平时操作练习进行实时评价和打分，让学生在规定时间内完成全部流程的操作，以此考察学生的整体应用能力。同时还可以与平台的供应商合作，进行网上统一认证考试，对参加并通过认证考核的会计电算化专业学生，授予会计软件应用证书，用于证明其应用技术水平和标准化操作能力。

四、基于云计算会计电算化教学的挑战

（一）网络传输的质量问题

基于云计算的会计信息实训教学的顺利开展主要依赖于云会计平台的网络建设，会计电算化实训过程中的传输速度受网络带宽等因素的影响较大。学生进行大量的会计数据频繁的数据存取和海量的数据交换会造成会计数据延时和网络拥塞，网络传输的负载能力成为云会计教学过程中会计电算化实训过程中的一个瓶颈。

（二）会计实训数据存储的安全性问题

会计电算化实训资料中各个环节是紧密相关的，其虽没有实际工作中对会计数据的保密要求，但如何保证企业存放在云端的会计模拟资料不被非法删除和数据丢失情况的发生，也是云计算下会计电算化实训过程中应考虑的问题。学校应与云会计平台开发商进行及时沟通和交流，保证数据的稳定性和安全性。

（三）云会计模拟实训推广中的阻力问题

云会计的发展尚处于发展阶段，云会计的高共享性和协同性也得到了广泛的认可，但其数据的安全性等还受到各企业的普遍担心，如何打破传统会计信息系统使用习惯，使用户信任和使用云会计平台是一项长期而艰巨的工作。绝大多数用户仍然不知道云会计到底是什么，到底能给自己带来什么。相信随着云会计教学和实践工作的推广应用，一定会有更多的企业和学校进行云会计平台的教学和应用的实施。

（四）云会计实训教材的建设

与传统的会计电算化实训相比，云会计尚处于起步阶段，云计算和云会计尚未被大众所知晓，云会计的教材建设是进行云会计教学的关键，如何建设一本具有实用性强、先进性、可操作性、智慧性，符合现代会计电算化教学需求的教材，需要云平台开发商、企业和教育部门的共同努力。

第九章 职业院校会计电算化的教学研究

　　在我国目前的职业技术院校中，学生的主体是初、高中毕业生。学生年龄不大，学历不高，文化理论基础相对薄弱，社会实践很少，接受会计或其他专业知识的能力还比较弱。学生就业时所面临的工作环境不会过于复杂，大多在中小企业，而这类企业大多数还处于电算化起步阶段，因此对学生的培养不能脱离实际。会计电算化的教学目标应该定位在培养初、中级会计电算化技能型人才，使之能够借助相应软件平台并运用一些信息化工具，处理会计业务，准确及时提供各类相关信息，解决一些日常维护问题，参与部分企业管理。具体来说，就是工作在基层一线的软件操作员和数据录入员。软件操作人员主要负责在计算机内进行初始化、凭证录入、凭证审核、汇总、记账、结账、统计、报表编制等工作，这类操作员应熟练掌握以下知识：财会业务、办公软件的使用、汉字输入技术、常用财务软件、计算机系统日常维护、简单的故障识别与排除以及一定的会计分析能力；数据录入员应精通以下知识：财会业务基础、计算机使用、汉字输入技术等。综上所述，初、中级会计电算化人才总的培养目标是既懂会计业务又懂计算机知识的复合型人才，核心是技能培养，要求学生除具备会计知识外，必须具有计算机操作技

能，系统日常维护能力和简单会计分析能力，并能拿到初级会计电算化证书，能顺利踏上工作岗位，胜任未来的工作。

第一节　职业院校会计电算化教学特点和模式

会计电算化是会计专业的一门主要课程，是将电子计算机与现代会计相结合的一门新兴学科。它随着会计学理论、会计法规与制度以及计算机信息处理技术的发展而不断发展。作为一名会计电算化专业授课教师，笔者在多年的教学过程中，深深体会到会计电算化教学是一个充满挑战的、需要不断探索的学科。

一、职业院校会计电算化教学的特点

（一）理论与实践相结合

会计电算化是门实用性很强的学科，在教学过程中，教师要始终贯彻"理解、掌握、运用"这个思想，做到理论联系实际，将理论很好地应用到实际工作中去。在教学方法上注重案例教学，模拟某企业一名会计的经济业务，利用某种商品化财务软件进行处理，以账务处理系统和报表处理系统为重点将会计业务的理论与方法运用到教学实践工作中来，让学生通过团队合作来讨论和分析问题，各自扮演企业中经营者的角色，利用自己的头脑进行决策等。

（二）具有较强的动手操作能力

为社会培养实用型、复合型的会计电算化专业人才，通过工学交替，学做一体化教学，专业知识和实用的岗位技能融会贯通，使学生熟悉财务核算与财务分析等相关工作。在课程内容的要求上以"理论够用"为原则，重点放在提高学生的实际操作能力上。培养学生这一技能，就是通过实验环节来实现，实验环节效果的关键环节在于如何把握好实验教学。根据教学需要，考虑到对学生理论知识与实践应用能力的培养，理论知识与实践教学课时的比例应为1:1。也就是说，理论知识的讲授占总课时的50%，实践课占总课时的50%，从课时分配中我们可以看出，会计电算化是一门实践性较强的课程，它要求学生具有较强的动手操作能力，因此，培养学生这一技能，就是通过实践环节来实现的。

二、职业院校会计电算化教学模式

（一）充分利用多媒体网络的教学手段

任课教师应充分利用多媒体处理图、文、声、像的优点，努力营造一个"图文并茂、动静结合、声情融会、视听并用"的多媒体交互式教学环境，以充分运用个性化学习、愉快学习、情景学习、交际学习等先进的教学思想，通过多种感官的刺激，加深学生对新鲜事物的印象。

在介绍会计电算化理论、ERP 工作流程、相关法规要求时，可在教室利用高清晰度大投影播放兼有图片、动画和声音的课件或者是相关的实际工作录像等，让学生把课本上的生硬文字与鲜活的视听材料结合起来，以增进理解和记忆。

在讲解财务软件操作的方法及应用时，教师在计算机上进行实际操作演示，在机房采用多媒体网络教室软件的广播方式进行演示教学。利用广播教学功能，将教师计算机的屏幕及语音等多媒体信息实时地传送给全体、群组或单个学生。在广播教学时，学生计算机完全接收教师计算机的屏幕，键盘被自动锁死，不能进行操作，只有等教师的广播教学活动停止后，将学生计算机切换回原来状态下方可操作，这样学生就能边学习边实践操作。另外，教师把每节课要完成的任务及操作程序做成上机指导文件通过机房的局域网发到学生计算机上，让学生也可边看边操作，比起一页页翻看教材要快捷方便得多。

在广播教学中，还可以允许学生电子举手提问。教师在自己的计算机屏幕上看到有举手标志的学生计算机，即可回答学生的提问，这样教师在不离开座位的情况下就可以解答学生的提问。教师还可根据实际情况，实时地将某个操作很好的学生屏幕及声音转播到其他学生计算机上进行演示操作，这样增加了学生对教学的参与感，同时提高了学习的积极性。

采用多媒体网络的教学手段，突破了传统教室对时空的限制，既实现了传统课堂教学中教师与学生、学生与学生间的交流，又符合电脑教学轻松、互动的自身特点。不仅方便了教师的教学工作，提高了教学质量；同时也增加了学生的兴趣，提高了学习积极性，是教学方式的飞跃。

（二）引入行为导向教学的合适教学方法

1. 角色互换法

这种方法是学生通过不同角色的扮演，体验自身角色的内涵活动。比如在财务软件的总账系统、存货系统、工资系统、固定资产系统里以不同的人员编号进去操作，具有不同的权限，分别体验总账会计、仓库保管、工资核算员、资产管理员的工作内容和流程，让

学生在学习的过程中切实掌握企业管理中不同的财会人员各自职责和权限。

2. 模拟教学法

在学期末进行的实训教学环节里，可以创建模拟公司，进行 ERP 的沙盘模拟实训及竞赛。通过直观的企业沙盘，模拟企业实际运行状况，将企业整体战略、产品研发、生产、市场、销售、财务管理等多个方面分配到各具体成员来执行，模拟时除货物、资金是用虚拟的卡片或塑料件代替外，其他如各类银行结算单据、发票、收据、借款单、差旅费报销单、入库单、领料单、报表等操作方式及核算方法等均按照现实财务活动与企业管理的流程进行设计和运作。让学生在游戏般的训练和比赛中体验完整的企业经营过程，感悟正确的经营思路和管理理念。

3. 小组合作法

在学完手工做账和计算机做账以后，可以考虑进行这样的竞赛项目。将学生分成若干小组，印发内容相同的会计实训资料，一部分学生做分岗的手工会计工作，分别担任出纳、会计、成本核算及主管的工作，编制记账凭证、登账簿、编制报表，另一部分学生则将手工完成的会计工作用财务软件转换成电算会计资料，将电算化工作的结果与手工的结果进行比较核对，能又快又准地达到核算要求的即为胜出小组。这种流程式的学习训练使人各司其职，又互有紧密的联系，不仅增强了学生的手工做账和计算机做账技能，还学到了业务知识，又训练了相互协作的能力，培养了学生的团队合作意识，锻炼了每名学生在实际工作中发现问题和解决问题的能力。

第二节　职业院校会计电算化教学问题

近年来，各高职院校为适应社会发展的需要，同时也为保证会计电算化实验教学的顺利开展，对机房设备逐渐完善，改善软、硬件配置，并建设了专门的会计电算化实训机房，并使用最新的金蝶、用友、金算盘等系列的财务软件进行教学和实验，同时教师也积极开展教学科研。计算机行业迅速发展的今天，会计软件也在不断推陈出新，会计电算化教学落后于实际应用的矛盾也日益突出，那么如何缩短学校教育与实际应用之间的距离，便成为当务之急。笔者认为当前的会计电算化实验教学存在以下亟待解决的不足。

一、实验室的建设和实验设施落后

（一）硬件设施的建设不到位

目前有一些高职院校没有专用的实训机房，学生实训只能挤在公共机房里，导致电算化专业学生实训课时少，影响了教学质量和教学进度。另外，虽有一些高校设有会计电算化专业机房，但由于软、硬件更新速度很快，而且投资很大，一旦投入，不可能在短期内淘汰，造成软、硬件滞后，而应同时配备的打印机、用于打印凭证和报表等的打印纸等几乎没有，使得实训效果差，不能完全满足试验教学需求。

（二）财务软件滞后于实际中的应用

尽管目前高职院校基本建成会计电算化实验室。但使用的会计电算化试验教学软件滞后，同时在软件售后服务、使用技术等方面也有诸多问题。各种软件更新也不及时，在使用过程中也常导致软件之间的不兼容，从而增加了实验难度，影响实验教学的正常进行。

（三）学生实验需要的实验指导书和实验教材缺乏

实验指导书是实验的载体，是学生实验的基本依据。会计电算化实验教学要想达到理想的效果，好的教材是保证教学质量的基础。从目前的情况看，实验教材五花八门，但内容比较单一，基本上都是用友、金蝶等财务软件操作手册的翻版，业务资料多局限于账务，功能的单一性，限制了电算化会计进行预测、管理、分析和决策等控制职能方面的教学。

（四）课程设置缺乏统一的课程框架

课程设置必须满足专业培养目标的需求，为建立学生完整的知识结构和能力结构服务。教学内容没有统一的标准和规范，两门计算机课程，几门会计专业课程，一门财务软件的操作构成了会计电算化专业的核心课程。没有真正使计算机技术和会计工作融合在一起，课程设置的针对性不强。没有突显会计电算化专业技能的重要作用。

（五）教学方法和教学手段落后

教学方法基本上沿袭了传统的方法，目前的教学方法还是老师讲的多，学生做得少，学生缺乏自主权，学生还是按老师设好的题目去做。特别是在实验教学的过程中，大多采用的是验证式实验教学法。学生按实验内容和步骤进行实验操作，最终验证性地考查会计信息处理结果。这种形式的实验对学生的要求不高。即使学生对整个实验的过程掌握良好，也不能满足学生对综合能力和会计电算化职业技能的培养要求。这些传统的教学手段和方法难以适应会计电算化教学的需要，也很难调动学生学习的积极性和创造性。

（六）教学内容单一

现在大多数高职院校会计电算化实验教学仅局限于会计账务核算系统。会计电算化还

是以总账系统的实验为主，账务处理仍停留在利用单一的会计核算教学软件进行建账、制单、审核、记账和编制报表的基本操作练习上，教学内容也多是以工业企业为例来处理一定时期的少量的经济业务。一般只涉及财务核算和报表编制，学习的范围过窄，其他的相关学习以及如何进行财务分析、预测和决策等方面涉及的内容很少。

二、职业教育目标不明确

中国的职业院校多数为 20 世纪 90 年代后新建或改建的院校，其中大部分由专科、成人高校、中等专业学校等改制而来。这些学校原有的办学条件是按中等或成人教育目标的要求配置的，客观上与职业学校人才培养目标要求有一定的差距。在办学实践上，沿袭以往只注重理论知识的灌输而忽视实践能力培养的做法，造成目前职业学校学生处于"理论知识肤浅、动手能力不强"的尴尬境地。造成这一局面的主要原因是职业教育目标不明确。一方面，课程设置结构不合理，电算化课程所占比重较低。在专业课程设置中，专业会计课一般占到 50%，计算机课程占到 30%，而会计电算化课程最多不超过 15%，在有限的教学时间内，学生只能学到一些基本原理和简单操作，根本谈不上系统掌握和熟练操作。另一方面，在电算化教学的过程中忽略了学生对电算化会计软件各主要模块实际操作能力的训练和软、硬件常见故障处理方法的传授，这样，使得许多人即使得到了会计从业资格证也仍然胜任不了会计电算化工作。

三、职业教育特点不够突出

会计电算化的实践型教学环节应包括以下几个方面：编制系统、实用的会计电算化教材；上机模拟实训；案例分析；深入企事业进行社会调查与学生岗前实习；操作技能考核等在目前会计电算化教学中，实践型教学环节总体上所占比例不到 50%，大部分学校几乎没有安排社会调查，案例分析课也少得可怜。在课程学习中，学生从事的主要是理论学习和简单的上机操作，课程考察也主要以理论或简单的上机操作为主。学生缺少实际操作技能，许多人到工作单位后还是适应不了工作需要，一个重要原因是在会计电算化的教学和考核中，忽视了对学生实际技能的培养。

四、教学软硬件设备单一

职业学校的会计电算化教学，需要大量的资金来购置教学设备，配备功能比较齐全的电算化实验室。由于社会对职业教育认知上的差异，投入机制存在严重缺陷，致使学校的教学设备一是不全，二是严重滞后。许多学校只有一些计算机，而无打印机、复印机、传真机等现代办公的教学设备。已有设备因资金短缺也不能及时进行硬件升级，计算机硬件设备的落后，造成不能安装更高版本的操作系统，也导致了一些新的会计软件不能在学校使用。此外，软件品种单一，专门用于会计电算化教学的财务软件极少，而教师教学课件制作水平较低，有的学校仅停留在替代板书的程度上。

五、人员素质方面的问题

一是与手工会计相比，会计电算化对会计人员及教师提出了更高的要求，要求会计人员及教师既要掌握会计理论与方法，又要掌握计算机技术，而现有师资水平不能完全适应这种对会计电算化教学的需要。现状是：从事会计电算化教学的教师，绝大多数是理论教学的教师和直接分配到学校缺少实践工作经验的青年教师，也有的是由会计、计算机两个学科知识融合而成的，会计电算化学科要求教师既要精通会计知识，又能熟练掌握计算机知识和操作技术，难度较大，实践经验的短缺，直接造成教学师资不足，影响实践教学效果。在中国无论是财政部门还是教育部门，近年来很少开办会计电算化进修班，因而大部分师资水平很难得到提高。

二是传统的教学模式不能适应新型应用人才培养的需要。职业教育会计电算化教学，有别于普通高校的教学，无论在办学理念、教学思路方面，还是在课程设置、教学内容和教学方式上，都需要改革和创新。

三是需要从学生实际出发，做到因材施教。从中国现实招生体制看，高职是第五批录取，总的看生源素质有待提高，学生对电算化教学中信息量加大的情况，也需要一个认知、了解和适应的过程。

六、社会环境和发展氛围

在政策体制上主要是领导部门对职业教育重视不够，思想认识不到位，对待职业教育与其他高校待遇不公平，财政投入少，一些职业学校拼命升专升本，也影响了职业院校的稳定性；在社会观念上，学历教育使得一些家长认为职业教育低人一等，不愿让子女报考职业学校；再者，专业学生面临就业时，在一些中小城市及落后地区亦无人组织"牵线搭桥"工作，使得需要专业人才的地方得不到适用的人才，甚至一些单位用的是"人情人才"——要么不懂业务，要么专业不对口等，而需要就业的专业学生则被错位或浪费使用。

第三节 职业院校会计电算化教学建议

职业学校的会计电算化教育的目标和任务应是培养初级的会计实务人员，基于职业学校会计教育的这种定位，从职业教育的特点和实际问题出发，对搞好职业学校的会计电算化教育提出以下建议与对策。

一、加强实验室的建设和实验设施建设

（一）硬件方面

一方面增加设备经费的投入，购置实验必需的教学设备，建立会计电算化专业试训机房，有条件的学校可以建设一个模拟企业真实经营环境下的仿真网络财务实训机房。另一方面可以和软件开发商展开合作，获得宝贵的实验资料和开发经验，为会计电算化实验室创造一个良好的实践教学环境。

（二）软件方面

适时配备最新的会计电算化财务软件，尽可能与财务软件开发和经销单位形成长期友好的合作关系，由其提供对财务软件和技术服务与指导，及时对会计电算化财务软件进行更新升级。

（三）加强课堂实践教学

教师要结合实践教学目标要求重新设计和编排教学内容；对应用性强的章节要加大试验教学的学时，加大实践教学的力度；对于理论性强、实用性差的课程内容应减少课时，少讲或不讲。

（四）完善教学方法

会计电算化的教学方法主要有：案例教学法、演示教学法、任务驱动教学法、分组教学法、网络教学法等。其中演示教学法是一个比较重要的教学方法，在讲授会计电算化实操时采用演示教学法演示相应的账务功能模块，加深对步骤、方法的感性认识。还有案例教学法是一个比较重要的教学方法，即给出一个企业的背景资料，然后通过会计软件或ERP的实施，实现企业会计核算与管理的电算化。利用各学习环境充分发挥学生的主动性、积极性和创造性。

（五）教师改变传统的教学理念和方法

在课程设置和安排教学内容时要强调理论与实践相结合。在传统的高职教育教学理念中，老师在课堂上往往注重教师的"讲"，学生是否有所"学"没有得到重视，造成"教"与"学"分离。在传统的会计电算化试验教学过程中，教师过于重视理论教学，而忽视了该课程的实践操作能力的培养，导致学生缺乏亲自动手的实践能力，理论与实践脱节，毕业后很难适应岗位的需要。因此，在教学中首先要对理论知识有个系统的了解和掌握，在理论够用的基础上，然后再进行行之有效的实践教学，使学生头脑中的理论框架变得有血有肉，更加生动形象。在教学中应做到理论与实践及时结合，即理论的讲授与实践应相间进行，学练相辅，以期达到更好的教学效果。

二、明确会计电算化人才培养目标

会计电算化作为一门实用性、针对性很强的应用学科，必须以培养学生的能力为中心来设计其课程内容、改进教育教学方法，特别是职业学校电算化专业教学，应是针对职业岗位群的以岗定课，按岗育人，并且应是技术应用型和技艺型为主，而不是像普通高校本科那样以学术型或工程型为主。要加强会计电算化实践设施的建设，强化实践性的模拟教学，适当增加实训课时，选择和自编实用的电算化模拟教材，认真安排，设计好培训内容、培训方式和培训目标，切实将学生的理论知识和社会实践结合起来，注重实际操作与训练，重视岗前培训，真正提高学生的综合职业能力。要改变应试教育模式，坚持基本理论与实践教学的统一，改革从业资格证书的考试和管理办法、增加实验和实践课的比重，组织编写适用于职业教育会计电算化教学的大纲、实用教材和考证办法。电算化课程至少应达到3门，比例应占到30%以上，扩充会计电算化实训课时，将以前手工模拟的实训科目也实行电算化模拟实训。

三、加强会计电算化的实践教学

（一）充分运用案例教学法

所谓案例教学法是一种具有启发性、实践性、诱导性，有利于提高学生应用能力和综合素质的与传统教学方式完全不同的新型教学方法，它是在学生学习和掌握了一定的理论知识的基础上，通过剖析会计案例，让学生把所学理论知识运用到会计电算化教学实践中去，借以提高学生发现、分析和解决实际问题的能力。它突出三个步骤：首先由教师根据教学内容、重点、难点、目的编制成一定案例；其次，案例在课堂上由学生讨论，教师引导、提示、总结；最后由学生写报告将对案例的认识和所学到的知识进行分析总结。

（二）切实做好模拟实验教学

模拟实验教学法是通过设计一些真实性或准真实性的具体人工场合的情形和景象，如模拟公司或企业，学习职业所需知识，为教学提供充足的实例，并活化所学知识。这种教学方法可以模拟实践并随时进行学习评价和指导。

（三）加强校企合作

这种形式是会计电算化专业的学生在学习完理论课程后，由学校与相关业务单位建立比较稳定的联系，将业务单位作为实践教学的基地，让学生到实践教学基地进行实地实践教学的方式。在这种形式下，学生可以在业务单位实地参与业务操作，从而使学生在真实的环境和条件下得到真实的业务技能的训练。校企合作能够全方位开拓职业教育的办学思路，主要表现在：①有利于开辟多种办学途径和拓展学生实习渠道，提高教学质量；②为实现会计电算化的教学改革提供宝贵的信息资源和实践依据；③有利于学校了解企业对电算化人才的需求情况，增强办学的计划性和科学内涵；④调动了学生学习积极性，提高了职业工作技能，同时也为学生走向社会奠定了一定基础。

除学生定点实习基地外，可以利用学校的教学资源与软件公司和企事业开展一些科研项目的合作，有条件的可联合开发一些简单的实用与管理软件；教师定期定点深入企事业进行调研，收集有关资料和数据，充实教材，增强教学的针对性；还可定期邀请或聘任企业专职财会人员来校讲学，促进校企交流，实现互利双赢。

四、创新和完善投入机制

国家和地方各级政府要提高对中国职业教育重大意义的认识，从全面实现经济管理现代化的高度出发，确立职业教育的科学发展思路和发展方略，要增加对职业教育的投资比重，将其作为培养新时期高素质实用人才的基础工作来抓，着力改变职业类学校资金拮据，教学设备简单落后的状况。

灵活运用市场机制，搞好现有各类教学资源的整合，尽早同企事业单位实现各种类型的"联姻"，签订企事业用工合同，建设企业培训基地，加大企业和其他用人单位对学校的投资份额，鼓励包括民营企事业在内的各类经济实体投资办职业教育。

学校要确定建设和发展重点，要紧紧抓住设备更新和电算化实验室的组建、软件开发运用等重点工程，加大对基础设施的投入，发展和改善办学条件。

组织科研和教学力量，开发和研制一批会计电算化教学课件和简单软件，要善于"借船出海"，借助外力发展自己，提高自我发展能力。

加强学校财务管理，堵塞"跑、冒、滴、漏"，将有限的资金运用、管理和使用好，使其发挥最大的经济和社会效益。

五、加强会计电算化专业教师的能力

要培养学生实践能力，教师自身要有较强的能力，具体包括三个方面：第一，熟练掌握常用电算化软件系统各个模块的操作，并能够解答使用过程中出现的操作问题；第二，熟练掌握会计电算化系统安装、调试和维护；第三，具有管理信息系统的管理技能，如：局域网的管理，数据库的管理，这些都是作为会计电算化专业老师必须具备的技能，获得上述技能，主要应从以下几个方面努力：

一是教师认真备好实训课，应针对实际教学内容，在认真钻研理论的同时，上机反复操作，随时记录有关问题，在备课教案上安排上机内容、流程、目标等内容，要改变重视理论课，忽视实验课的倾向。

二是要定期搞好专业进修，应有计划地搞好教师外出培训和学习，参加各类专业研讨会和培训班；应组织校内外有关专家与骨干教师针对专业前沿问题举办讲座，进行教学观摩；为提高教师务实操作能力和实践课的教学能力，允许教师通过校外会计兼职或其他途径到企事业单位亲身体验一些会计实务操作，也可以从企事业聘请一些既有丰富会计实务经验又有较高电算化理论水平的财会人员来校举办讲座或兼职授课，以提高教师和学生的会计电算化实践水平。

三是专业教师应该深入社会，了解企事业单位财会实际，考察了解会计电算化软件在企业中的实际应用情况，如操作人员在实际应用中容易出现哪些问题？实施电算化过程中存在哪些障碍？要结合企事业实际，完善和充实教学内容，使专业理论与实际操作有机地结合起来，只有这样，才能有的放矢地组织实践教学，更好地指导学生。

六、教学模式改革的实施

据调查了解，大部分高校教师都是从高校毕业生直接进入高校工作的，其理论知识丰富，但实践经验比较缺乏。高校教学模式的改革，对高职院校师资队伍建设提出了更高的要求。要求教师既要具有过硬的专业理论功底，又要具有娴熟的专业技能。专职教师需要到企业进行实践锻炼，以提高其实践技能和科研能力。只有教师掌握了与实际工作相关的任务驱动操作，才能指导学生在情景模拟中充分体验不同岗位的不同角色。通过"做"，一方面使学生学以致用；另一方面使学生用以促学。把学与用有机地结合起来，书本知识与学生的感性认识结合起来，理论与实践结合起来，使教学内容更具有针对性，教学过程更具有实效性。教师要充分发挥有效的作用，会计电算化教学模式的改革才能够达到理想的效果。

七、优化职业教育发展环境

职业教育已经成为经济发展战略的重要组成部分，如何形成全社会重视并支持职业技术发展的氛围，针对教育教学做粗略的对比分析外，提出如下几点政策建议：

第一，与职业教育发展的现状与未来走向相适应，国家和省一级人民政府应考虑出台办好职业教育的单项法规和扶持发展政策，应着手编制未来5—10年的职业教育发展规划，从生源质量、发展规模、主要专业设置及投资保障机制方面有一个质的界定，如为提高学生的文化素质水平，应当允许职业院校将单独招生与大本招生分开进行，职业教育应有国家和各级政府专项资金为基本保障等。

第二，以职业教育为突破口，切实加强学生的"素质教育"工程，从社会和教育发展方向看，改变"职业教育"低人一等的社会观念，充分认识职业教育发展与改革的重要性，切实摒弃"应试教育"，大力发展"素质教育"，要加大办好职业教育的宣传力度，确立职业教育在国民整体教育中的应有地位。

第三，充分借鉴国外发展职业教育的先进理念和管理模式，如像抓"211"教育工程和农村"普九"一样规划并推进职业教育工作。

第四，突出会计电算化人才的培养，实现教育、管理和使用的统一，如何解决好人才不足与专业人才就业难的矛盾，实现供需双方的有机结合，不仅需要教育主管部门而且需要人事和经济主管部门的积极参与和协调，如要为学生就业"牵线搭桥"，定期召开供需双方"见面会"，做到学生就业有市场，企事业单位所需专业人才有媒介，让供需双方都满意，人才的培养、管理和使用是一个有机的整体，可以相互推动和促进，这也是中国职业教育发展必不可少的一个重要方向。

随着中国会计电算化事业的迅速发展，强化会计电算化教学已势在必行，职业化的会计电算化教育已凸显其重要性。AICPA主席Robert Mednick曾经指出："如果会计行业不按照IT技术重新塑造自己的话，它将有可能被推到一边，甚至被另一个行业——对提供信息、分析、鉴证、服务有着更加创新视角的行业所代替。"会计人员不用信息技术武装自己，职业院校会计教育不用信息技术改造传统的专业课程内容，会计电算化教学在会计变革的大趋势下必将处于一种尴尬境地。

参考文献

[1] 蔡佩莹. 财务管理与会计内部控制实用工具大全 [M]. 北京：化学工业出版社，2016.

[2] 蔡雪莹，邹杨虎，朱宝莉. 会计电算化 [M]. 北京：北京理工大学出版社，2014.

[3] 伍伟，伍春姑. 会计电算化应用 [M]. 北京：航空工业出版社，2013.

[4] 赵合喜. 会计电算化 T3—用友标准版 [M]. 北京：电子工业出版社，2012.

[5] 严志业，钟昌儒. 中小企业 ERP 原理与实战 [M]. 北京：经济管理出版社，2011.

[6] 曲晓瑜，田智浩. 会计电算化对会计工作方法影响分析 [J]. 农村与科技，2017（2）.

[7] 蒋祎迪. 会计电算化的问题及对策 [J]. 商业经济，2017（1）.

[8] 杨霄. 目前我国会计电算化存在的问题及对策 [J]. 现代经济信息，2017（16）.

[9] 田欢. 会计电算化在应用中的风险与对策 [J]. 财经问题研究，2016（51）.

[10] 余连琪子. 企业会计电算化存在的问题及对策初探 [J]. 中外企业家，2016（3）.

[11] 杜婷. 会计电算化条件下的企业内部控制制度研究 [J]. 北方贸易，2016（6）.

[12] 吴凡，景诚. ERP 视角下高职会计电算化项目教学体系的构建 [J]. 南京旅游职业学院，2015（3）.

[13] 苏成勇. 企业内部会计控制的现状及完善措施 [J]. 财会学习，2015（13）.

[14] 韩丽丽. 浅议会计电算化软件的选择 [J]. 商场现代化，2010（23）.

[15] 马云涛，王淑芹. 中小企业会计电算化实施中的问题及对策研究 [J]. 商场现代化，2015（9）.

[16] 姜凯敏，宋明. 浅谈企业实行会计电算化的风险与发展 [J]. 企业技术开发，2015（8）.

[17] 李群. 试论会计电算化环境下的内部控制 [J]. 中国高新技术企业，2015（36）.

[18] 吴丹，薛玉玲. 浅析会计电算化的问题及对策分析 [J]. 中国集体经济，2015（15）.

[19] 藏莹. 关于会计电算化内部控制的探索 [J]. 渤海大学管理学院，2014（7）.

[20] 尚玉梅. 会计电算化对会计工作方法影响探析 [J]. 中国矿业，2014（52）.

[21] 王颖. 会计信息化与会计电算化的比较分析 [J]. 商场现代化，2014（1）.

[22] 陆洋. 试论企业会计内部控制的现状及解决措施 [J]. 中外投资，2014（1）.

[23] 韦素琴. 浅析中职校会计电算化教学中存在的问题及改进措施 [J]. 科技资讯，2014(1).

[24] 刘同英. 会计信息化进程中会计人员能力的培养 [J]. 经济技术协作信息，2013（34）.

[25] 陆莉. 试论会计电算化条件下的企业内部控制 [J]. 中国市场，2013（46）.

[26] 李军奕. 对会计电算化内部控制的探析 [J]. 财经界，2013（3）.

[27] 马云平，邵华清，杨守杰. 关于会计电算化课程教学改革的思考 [J]. 对外贸易，2012(1).

[28] 徐国建. 论会计电算化系统环境下的内部控制 [J]. 中国科技信息，2012（24）.

[29] 胡洁，章旭颖，蒋翠. 会计电算化环境下企业内部控制存在的问题及对策研究 [J]. 商业会计，2012（12）.

[30] 叶雪莲. 我国目前会计电算化存在的问题及对策分析 [J]. 中国证券期货，2012（10）.

[31] 王化猛. 会计电算化在财务管理中的作用 [J]. 中国集体经济，2012（18）.

[32] 陈高硕. 基于内部控制视角下企业会计信息质量问题的研究 [D]. 山东农业大学，2011.

[33] 齐海红. 企业会计内部控制的现状及解决措施探讨 [J]. 中国管理信息化，2011（12）.

[34] 陆洋. 试论企业会计内部控制的现状及解决措施 [J]. 中外投资，2011（1）.

[35] 樊珊珊. 目前我国会计电算化存在的问题及对策 [J]. 会计之友，2011（32）.

[36] 年晓燕. 影响当前会计电算化应用的因素及改进思路探讨 [J]. 现代经济信息，2011(9).